DU RETRAIT

DE

DROITS LITIGIEUX

PAR

Albert DESJARDINS
Agrégé à la Faculté de droit de Paris

(*Extrait de la* REVUE PRATIQUE DE DROIT FRANÇAIS
Tomes XXV, XXIX et XXX.)

PARIS
A. MARESCQ AINÉ, LIBRAIRE-ÉDITEUR
17, RUE SOUFFLOT, 17

1871

DU RETRAIT

DE

DROITS LITIGIEUX

DU RETRAIT

DE

DROITS LITIGIEUX

PAR

Albert DESJARDINS,

Agrégé à la Faculté de droit de Paris.

(*Extrait de la* REVUE PRATIQUE DE DROIT FRANÇAIS,
Tomes XXV, XXIX et XXX.)

PARIS

A. MARESCQ AINÉ, LIBRAIRE-ÉDITEUR

17, RUE SOUFFLOT, 17

1871

DU RETRAIT DE DROITS LITIGIEUX.

1. — Le Code Napoléon (art. 1699) reconnaît à celui contre lequel on a cédé un droit litigieux la faculté de s'en faire tenir quitte par le cessionnaire, en lui remboursant le prix réel de la cession avec les frais et loyaux coûts, et avec les intérêts à compter du jour où le cessionnaire a payé le prix de la cession à lui faite. C'est l'exercice de cette faculté qu'on appelle *retrait de droits litigieux* ou, plus brièvement, *retrait litigieux*.

Nous nous proposons d'en rechercher l'origine et l'histoire, d'étudier les règles auxquelles elle est soumise dans notre droit actuel, pour exposer et apprécier les critiques auxquelles elle peut donner lieu.

CHAPITRE Ier. — DROIT ROMAIN.

2. — Les Romains n'étaient pas favorables aux cessions de droits litigieux. Ceux qu'elles pouvaient léser trouvaient une protection, tantôt dans les principes généraux du droit, tantôt dans certaines dispositions spéciales.

Distinguons trois hypothèses : 1° Il faut protéger celui qui a intenté ou qui doit intenter une action *in rem*, en particulier la *rei vindicatio*, contre la cession qui ferait sortir la chose, objet de l'action, des mains du possesseur, défendeur actuel ou éventuel. 2° Il faut protéger le possesseur d'une chose, défendeur éventuel ou actuel à la *rei vindicatio*, contre la cession de droits qui ferait passer la *rei vindicatio* à un autre que celui qui a commencé de l'exercer. 3° Il faut protéger la personne exposée à une action *in personam* contre la cession de l'action.

Dans ces trois hypothèses, la protection n'est pas la même ; elle n'a été établie, ni par la même autorité, ni dans le même temps.

I

3. — *Première hypothèse.* — Il faut protéger celui qui a intenté ou qui doit intenter une action *in rem*, en particulier la *rei vindicatio*, contre la cession qui ferait sortir la chose des mains du défendeur actuel ou éventuel.

L'exposé même de cette hypothèse indique une sous-distinction. L'action peut être déjà ou n'être pas encore intentée; on peut se placer, soit après, soit avant la *litiscontestatio*.

A. 4.—C'est un principe du droit que, à partir de la *litiscontestatio*, le défendeur à la *rei vindicatio*, qui perd la possession de la chose par son dol ou par sa faute, demeure tenu de l'action et peut être condamné (1). Nul doute que ce principe ne soit pour être invoqué efficacement contre celui qui, après la *litiscontestatio*, resté possesseur, transfère la possession, ou, devenu propriétaire par usucapion, transfère la propriété à un tiers. L'une et l'autre translation impliquent nécessairement ou dol ou faute de sa part à l'égard du demandeur. En tout cas il reste défendeur. En outre, on sait que celui qui a cessé de posséder par dol est traité plus rigoureusement à certains égards que celui qui a cessé de posséder par faute; le juge examinera d'après les circonstances si le défendeur, en aliénant, n'a pas commis un dol.

B. 5. — Le préteur avait pris des dispositions spéciales contre les défendeurs éventuels à l'action *in rem*. Prévoyant une instance future, non une instance actuelle (2), se plaçant avant la *litiscontestatio*, il leur interdit d'aliéner les choses dont ils étaient possesseurs, *judicii mutandi causa*, pour se soustraire au procès et rendre pire la condition des demandeurs (3). La condition de ceux-ci devenait pire, quand, par suite de l'aliénation, ils avaient des adversaires plus puissants, établis dans d'autres provinces, capables de les vexer de toute manière (4), ou quand ils ne pouvaient obtenir

(1) V. notamment l. 27 § 1, ll. 62 et 69, ff. *De rei vind.* (VI, 1).
(2) L. 8 § 1, ff. *De alien. jud. mut. causa facta* (IV, 7).
(3) L. 1 pp. eod.
(4) L. 1 § 1, ll. 2 et 3 pp., eod.

contre les nouveaux possesseurs une condamnation aussi élevée que celle dont les anciens auraient été passibles (1).

L'édit protége non-seulement les demandeurs éventuels en revendication, mais encore toute personne qui peut avoir une action à former contre une autre, à raison de la possession d'une chose par celle-ci, les demandeurs éventuels dans une action en partage (2) ou dans la *nuntiatio novi operis* (3).

6. — Pour que l'aliénation tombe sous le coup de l'édit, deux conditions sont exigées, le fait et le dol du défendeur éventuel. Le fait peut être la transmission réelle ou apparente de la propriété, selon que celui qui aliène est ou n'est pas propriétaire (4), la transmission de la possession (5), un affranchissement (6), une constitution de servitude (7); mais il faut une aliénation; l'édit ne s'applique pas à celui qui abandonne simplement la possession, n'eût-il d'autre motif que d'éviter un procès (8).

Le dol ne se rencontrerait pas chez celui qui aurait aliéné, même pour transporter le procès à un tiers, mais à cause de son âge, de ses infirmités ou de ses occupations (9).

7. — Dans le cas où l'aliénation prohibée a eu lieu, le magistrat promet au demandeur une action *in factum*, pour l'indemniser du dommage qui lui est causé, « *quanti nostra interslt alium adversarium nos habuisse* (10). » Si l'aliénation n'a pas préjudicié à celui-ci, parce que la demande n'était pas fondée, parce que l'objet a péri par cas fortuit, l'action ne lui est pas donnée (11). Elle est de celles que les commentateurs modernes appellent pénales unilatérales, parce qu'elles ne font que rétablir le patrimoine du deman-

(1) L. 3 § 2 eod. Cf. l. 3 §§ 1 et 3 eod.
(2) L. 24 § 1 ff. *Comm. div.* (x, 3).
(3) L. 3 §§ 2 et 3 ff *De alien. jud.*
(4) L. 8 § 2 eod.
(5) L. 4 § 2 eod.
(6) L. 8 § 1 eod.
(7) L 4 § 4 eod.
(8) L. 4 § 1 eod.
(9) L. 4 § 3 eod.
(10) L. 1 pp. eod.
(11) L. 4 § 5 eod.

deur dans son intégrité, mais en diminuant celui du défendeur (1).

La personne contre qui est promise l'action *in factum* peut s'y soustraire en se déclarant prête à défendre sur l'action *in rem*, comme si elle possédait encore (2). Elle fait ainsi disparaître le dommage qu'elle avait causé au demandeur éventuel et sans lequel l'action *in factum* ne saurait être accordée. Toute condamnation étant pécuniaire sous le système formulaire, peu importe au demandeur si celui qui est condamné envers lui possède ou ne possède pas. L'action ne perd même pas complétement l'utilité de son caractère arbitraire; le défendeur pourra faire des efforts pour se procurer de nouveau la chose et la remettre au demandeur, conformément à l'ordre du juge. Seulement il est clair que, dans ce cas, l'ordre ne saurait être exécuté *manu militari*.

Cujas (3) et Noodt (4) enseignent, d'après la loi 8 pp. h. t., que l'action *in factum* est arbitraire. Selon Noodt, le juge donne au défendeur l'ordre de restituer *pristinam judicii causam*, c'est-à-dire de défendre à l'action utile *in rem*, comme s'il possédait. La loi 8 pp. se rattacherait, d'après ce système, à la loi 3 § 5. Mais celle-ci ne suppose pas que le défendeur, satisfaisant à l'ordre du juge, se déclare devant celui-ci prêt à défendre à l'action utile *in rem*; elle dit : *Denegandam esse..... actionem*; or c'est le préteur qui accorde ou refuse l'action; les parties sont donc *in jure*, quand le défendeur accepte le débat sur l'action *in rem*. Quant à la loi 8 pp., elle s'occupe de l'action *ad exhibendum*, donnée contre la personne qui a cessé de posséder par dol, notamment contre celle qui a transmis à une autre la possession d'une chose (5). L'action *ad exhibendum* est en effet arbitraire et l'ordre d'exhiber porte non-seulement sur la chose même, mais encore sur la *rei causa*, disent les Institutes (6), en termes presque identiques à ceux de la loi 8 pp.

(1) L. 4 § 6, ll. 5-7 eod.

(2) L. 3 § 5 eod.

(3) Ed. Par. 1658. Op. posth. t. II, col. 173, ad l. 8 *De alien.*

(4) Ad h. t.

(5) L. 9. pp. ff. *Ad exhib.* (x, 4).

(6) Inst. IV, XVII, 3.

8. — A ce premier moyen, l'action *in factum*, faut-il en ajouter un autre, aussi d'origine prétorienne, la restitution *in integrum*, qui permettrait au demandeur éventuel d'exercer l'action utile *in rem* contre l'auteur de l'aliénation, celui-ci ne fût-il nullement disposé à y défendre ? Beaucoup d'auteurs (1) admettent que l'aliénation *judicii mutandi gratia* est une cause de restitution. Ils se fondent sur la place de notre titre, à la suite des titres consacrés à la restitution *in integrum*, sur les inscriptions des fragments pris à Gaius, à Paul, à Ulpien, qui laissent croire que ces jurisconsultes avaient fait le même rapprochement, sur ces expressions de Gaius : « *Proconsul in integrum restituturum se pollicetur* (2), » et sur le témoignage de la loi un. C. *De alien. jud. mut. causa* (3), qui parle de la restitution *in integrum* promise de ce chef par l'édit perpétuel. Mais cette restitution serait imparfaite, car les mêmes jurisconsultes ne disent pas qu'elle force le défendeur à subir, malgré lui, l'action *in rem* (4). M. de Savigny enseigne qu'elle a pu produire cet effet ; le demandeur, suivant lui, aurait eu le choix entre l'action *in factum* et l'action *in rem*, rétablie par la restitution *in integrum* (5). Mais il déclare lui-même que Gaius s'est servi d'une expression impropre. Dans la phrase où se trouvent les mots cités et à propos de l'action à laquelle ils se rapportent, le jurisconsulte dit que le demandeur obtiendra « *quantum ejus intersit alium adversarium non habuisse*, » ce qui ne peut s'entendre que de l'action *in factum*, qui a pour fondement et pour mesure le dommage causé par l'aliénation. En outre et dans la même loi il décide que l'auteur de l'aliénation échappe à l'action *ex edicto*, s'il est prêt à défendre à l'action utile ; la supposition d'une défense volontaire exclut celle d'une défense imposée par la restitution. Quant au texte du Code, une impropriété y est moins étonnante que

(1) Cuj. l. c. et T. I, op. pr., col. 759, Paratitla, ad h. t., T. III, op. pr. col. 276, obs. lib. X, c. 3, etc. — Noodt, l. c. — Glück, t. VI, p. 55, se sert du mot *restitution* et le place dans la rubrique de son § 474.

(2) L. 3 § 4 h. t.

(3) II, 55.

(4) V. notamment Noodt et Glück, ll. cit.

(5) *Système*, trad. Guenoux, t. VII, p. 107, § 316, et p. 214, § 333.

dans un fragment de Gaius; mais il est d'une époque où l'action utile *in rem* était admise sans difficulté; or la concession de cette action offrait une grande analogie avec la restitution *in integrum* d'une action directe.

9. — L'action *in factum* était donc la seule que le droit prétorien eût accordée au demandeur éventuel contre l'auteur de l'aliénation. Plus tard le droit civil lui en offrit une autre. Le sénatusconsulte rendu sous Adrien établit, pour la pétition d'hérédité, le principe que celui qui avait cessé de posséder par dol était regardé comme continuant à posséder et restait tenu de l'action (1). Ce principe était déjà étendu à la revendication sous le règne d'Alexandre Sévère (2). Dès lors le demandeur éventuel put exercer l'action *in rem* contre l'auteur de l'aliénation sans le consentement de celui-ci.

Par une conséquence naturelle du principe, ainsi étendu, l'action *ad exhibendum* lui fut également accordée (3); cette action appartenait à tout demandeur éventuel dans une action *in rem* (4).

10. — Les très-anciens interprètes du droit romain avaient été embarrassés en trouvant dans le même recueil la disposition qui accordait au demandeur éventuel l'action *in factum* et celle qui lui permettait d'intenter l'action *in rem* contre l'auteur de l'aliénation, et ils s'étaient demandé quelle utilité la première pouvait présenter à côté de la seconde. Depuis longtemps il est reconnu qu'elles n'appartiennent pas à la même époque, si elles sont placées dans le même recueil, et l'on comprend en quoi la première était utile quand elle a été établie.

Il reste néanmoins à se demander si l'introduction de la seconde, — en ôtant à la première son utilité, n'aurait pas dû la faire disparaître et pourquoi le droit romain d'abord, Justinien ensuite les maintinrent toutes deux. La disposition de l'édit était beaucoup plus vaste que celle du sénatusconsulte, 1° parce qu'elle s'appliquait non-seulement à toute transmission de possession, mais encore à toute aliénation, même

(1) L. 20 § 6, l. 25 § 2 et suiv., ff. *De her. pet.* (v, 3).
(2) L. 27, § 3 ff. *De rei vind.*
(3) L. 8 pp. h. t., l. 9 pp. ff *Ad exhib.*
(4) L. 3 § 3 eod.

partielle (1); 2° parce qu'elle garantissait d'autres demandeurs éventuels que la personne qui avait une revendication à exercer (2). En second lieu, Ulpien nous dit : « Cet édit a lieu, même si les choses ont été usucapées par celui à qui elles ont été aliénées et ne peuvent plus être revendiquées contre lui (3). » L'usucapion accomplie par l'acquéreur ne permet d'exercer ni l'action directe contre lui ni l'action utile contre l'ancien possesseur, car, dans l'une comme dans l'autre, le demandeur aurait à prouver qu'il est propriétaire, et il a cessé de l'être, l'usucapion étant accomplie au profit d'un tiers. Ces deux intérêts n'auraient peut-être pas suffi pour faire introduire l'action *in factum*, après l'établissement et l'extension du principe que celui qui a cessé de posséder par dol est tenu de l'action *in rem*; ils suffirent pour la faire maintenir (4).

Les deux actions coexistèrent ; mais le demandeur avait-il une entière liberté d'option? S'il intentait l'action *in rem*, sans nul doute le défendeur ne pouvait s'y dérober; si le premier préférait l'action *in factum*, le second avait-il encore la faculté, qui lui était reconnue avant le sénatusconsulte, de s'y soustraire en se déclarant prêt à défendre sur l'action *in rem*? C'est ce qu'il est permis de croire, puisque Justinien a conservé le texte où cette faculté était indiquée par Gaius. D'ailleurs le droit civil, en introduisant l'action utile *in rem*, n'avait pas eu pour objet de rendre l'action *in factum* plus efficace entre les mains du demandeur éventuel (5).

(1) Vinnius, ad Inst. *De act.*, § 1, n. 18.

(2) L. 3 §§ 2 et suiv., h. t. Voorda, *Interpr. et emend.* lib. II, c. 10.

(3) L. 4 pp. h. t. Noodt et Glück, ll. cit.

(4) Un autre intérêt a été indiqué, mais à tort. Selon Glück, l'action *in factum* était plus avantageuse que l'action utile *in rem*, parce que, dans la première, il suffisait de prouver que l'aliénation avait été faite par dol, et que, dans la seconde, le demandeur devait établir sa propriété. Mais la loi 4 § 5 h. t. montre que la preuve de la propriété était nécessaire dans l'action *in factum*. Si le demandeur éventuel n'avait pas été propriétaire, aucun préjudice ne lui aurait été causé. Voorda (*l. c.*) s'appuyait sur cette loi afin de réfuter ceux qui enseignaient que le préteur avait introduit l'action *in factum* à côté de l'action *in rem* utile pour dispenser de la preuve de la propriété.

(5) Vinnius, *l. c.*; Pothier, *ad Pand.*, h. t., n. 8, note. M. Pellat, *textes sur la propriété*, p. 235.

11. — Selon un grand nombre de jurisconsultes, l'édit du préteur *de alienatione judicii mutandi causa* contenait un autre chef par lequel il prohibait d'une manière absolue l'aliénation *judicii mutandi causa*; la défense se serait étendue au demandeur éventuel et aurait eu pour sanction le refus d'action contre le défendeur éventuel. Deux applications de ce principe seraient faites au Digeste, l'une dans la loi 11 h. t., l'autre dans la loi 12 h. t. La loi 11 suppose des immeubles donnés à un militaire; sous l'empire romain, il n'est pas de personnages plus puissants et par conséquent d'adversaires plus redoutables que les militaires; l'action est refusée au donataire. Dans la loi 12, il s'agit d'un propriétaire par indivis qui aliène sa part dans l'intention de faire acquérir la chose une fois mise en licitation à un prix moins élevé, l'acquéreur étant un personnage plus puissant, dont la présence doit détourner les enchérisseurs. Ni l'un ni l'autre ne peut exercer l'action *communi dividundo*. Du moins la loi 11 reconnaît-elle au donateur le droit d'agir, mais on suppose qu'elle fait une exception aux principes parce qu'un donataire *miles* est engagé dans l'affaire (1).

Ce chef de l'édit s'appliquerait à celui qui veut intenter une action *in personam*, aussi bien qu'au demandeur éventuel dans une action *in rem*. L'aliénation d'une créance *judicii mutandi causa* serait donc interdite (2).

Le principe et la conséquence ou l'extension que nous venons d'indiquer nous semblent inadmissibles pour plusieurs raisons. En premier lieu, il n'y aurait pas d'harmonie entre les deux chefs de l'édit, si le préteur, après avoir décidé que toute aliénation *judicii mutandi causa* serait nulle et qu'aucune action ne serait donnée à l'ayant-cause du demandeur éventuel ni à ce demandeur lui-même, avait regardé l'aliénation faite par le défendeur éventuel comme parfaitement valable et simplement assujetti celui-ci à l'action *in factum* pour la réparation du préjudice causé. La validité de l'aliénation par le défendeur ne fait aucun doute, car originairement l'acquéreur est le seul contre lequel l'action *in rem* puisse

(1) Noodt, *l. c.* Pothier, *l. c.*, n. 11. Glück, *l. c.*, p. 65, § 473. M. Maynz, *Eléments de droit romain*, § 274.

(2) Cuj., obs. x, 3. — Noodt, *l. c.*

être intentée, et même cette action a quelquefois moins d'étendue contre lui que contre son auteur à cause de la mutation qui s'est opérée (1). En second lieu, ce nouveau chef de l'édit rendrait inutile l'exception *litigiosi* dont nous allons nous occuper; on peut dire, il est vrai, que l'édit suppose l'aliénation antérieure à la date de la *litiscontestatio* et qu'il faut la supposer postérieure à cette même date pour trouver l'application de l'exception; nous combattrons cette distinction, admettons-la pour un moment; l'aliénation faite par le demandeur avant la *litiscontestatio* aurait été punie plus sévèrement que celle qui aurait été faite après; dans le premier cas, l'action aurait été absolument refusée à l'acquéreur, dans le second, il y aurait eu lieu seulement à une exception, et encore fallait-il que l'acquéreur eût connu le caractère litigieux de la chose aliénée; cependant celle des deux hypothèses qui présenterait le plus sûrement les caractères du dol serait la seconde, celle où l'aliénation aurait eu lieu après le procès engagé. Ajoutons que l'exception *litigiosi* était donnée contre l'acquéreur d'un fonds litigieux, et que le chef de l'édit se serait appliqué à l'aliénation de tout objet. Enfin le titre entier *de alienatione judicii mutandi causa*, au Digeste, sauf les deux dernières lois, et la loi un. C. h. t., supposent l'aliénation faite par le défendeur éventuel. Il nous paraît très-probable que la loi 11 contient une application de l'exception *litigiosi*, la loi 12 celle d'une règle spéciale aux actions en partage. Les rédacteurs du Digeste, y trouvant les mots *judicii mutandi causa* (l. 11), *ex illa parte edicti vetatur, qua cavetur ne qua alienatio judicii mutandi causa fiat* (l. 12), les auront, par mégarde, placées dans notre titre.

En tout cas, il est impossible d'étendre l'édit aux créances; les Romains n'ont jamais appliqué le mot *alienare* à des droits de cette nature.

II

Deuxième hypothèse. — Il faut protéger le possesseur d'une chose, défendeur éventuel ou actuel à la *rei vindicatio*,

(1) L. 3 §§ 2 et 3 h. t.

contre la cession de droits qui permettrait à un nouveau demandeur de revendiquer la chose.

12. — L'ancien droit romain (1) défendait, soit au possesseur, soit au demandeur et au possesseur (2), de rendre sacré un objet litigieux. Celui qui enfreignait cette défense devait payer à son adversaire le double de la valeur de cet objet.

13. — Gaius dit : « Si vous avez sciemment acheté un fonds litigieux de celui qui ne le possède pas, et si vous le revendiquez contre le possesseur, celui-ci vous oppose une exception par laquelle vous êtes absolument écarté (3). » C'est l'exception *litigiosi*.

Nous savons, par le fragment *de jure fisci* (4), qu'Auguste avait, par un édit, défendu d'acheter une chose litigieuse d'un non-possesseur (5). C'est de cette défense que provient l'exception *litigiosi*.

L'empereur avait établi une double sanction : l'acquéreur devait payer au fisc une amende de cinquante sesterces (6) et la vente était nulle.

Mais, selon la remarque de M. de Vangerow, l'édit n'annulait pas, avec la vente, la mancipation qui l'avait suivie et qui avait transféré la propriété à l'acheteur; la revendication de celui-ci pouvait donc être fondée *ipso jure*, sauf à être paralysée par une exception donnée conformément à l'esprit du sénatus-consulte (7).

Le texte de Gaius et celui du fragment *de jure fisci* présentent une différence importante. Dans le premier, il n'est question que des fonds litigieux; le second parle de tout objet litigieux (*res*).

Gaius est plus ancien que l'auteur du fragment *de jure fisci*.

(1) Probablement la loi des XII Tables ; arg. de l'inscription de la loi 3 ff. *De litigiosis* (XLIV, 6).

(2) En ce sens, M. de Vangerow, *Lehrbuch der Pandekten*, § 160, t. I, p. 256, dernière édition.

(3) Com. IV, 117.

(4) Attribué à Paul. — § 8.

(5) Les lettres *à non possid.* sont restituées d'après Gaius.

(6) Cf. l. 1 pp. ff. *De jure fisci*.

(7) M. de Vangerow, *l. c.*

Un texte de Papinien (1) est conçu dans des termes qui font croire que l'exception *litigiosi* s'appliquait seulement aux ventes d'immeubles litigieux. Les jurisconsultes avaient discuté pour savoir si la prohibition d'Auguste et l'exception devaient être étendues aux choses mobilières. Scævola s'était prononcé pour l'affirmative (2). Du temps de Paul et d'Ulpien, cette extension était admise sans difficulté, comme le prouvent le fragment *de jure fisci* (3) et les textes où les jurisconsultes se sont occupés de l'exception.

L'édit avait reçu une extension d'un autre genre; la constitution d'une hypothèque sur les objets litigieux avait été interdite comme l'aliénation de ces objets (4).

14. — Deux questions se présentent : 1° quel est l'acte que l'empereur, que le préteur et les jurisconsultes, après lui, ont eu en vue? 2° quelles sont les choses qui doivent être regardées comme litigieuses?

La première question ne soulève aucune difficulté. C'est la vente et l'achat d'une chose litigieuse qui sont interdits : *Si emeris*, dit Gaius. *Emptio*, dit le fragment *de jure fisci*.

Mais à quoi sert l'exception? La vente, fût-elle valable, ne donnerait point, par elle seule, à l'acheteur le droit de revendiquer; elle ne lui conférerait qu'un droit de créance contre le vendeur. Il faut donc supposer que la vente a été suivie d'un acte permettant à l'acheteur d'exercer la revendication; cet acte, n'étant pas atteint par la prohibition, est valable; l'acheteur peut agir contre le possesseur. Quel sera cet acte dont les textes romains ne parlent pas? La mancipation, répond M. de Vangerow, et cette réponse s'accorde parfaitement au moins avec le caractère primitif de la prohibition. Elle ne s'appliquait, avons-nous dit, qu'aux immeubles. Or, les immeubles pouvaient être aliénés par mancipation en quelque lieu que ce fût (5) et sans être actuellement possédés par celui qui les aliénait. C'est ainsi que la loi 11 ff. *De alie-*

(1) L. 27 § 1 ff. *ad sc. Vell.* (XVI, 1).

(2) L. 1 § 2 ff. *Quæ res pignori* (XX, 3).

(3) Ce fragment même contient, à la fin du § 8, ces mots : « *Sed hoc in provincialibus fundis prava usurpatione obtinuit.* »

(4) Cf. ll. 1 et 2 ff. *De litigiosis*. ll. 1 et 2, C., *eod.* (VIII, 37).

(5) Ulp. fr. XIX, 6.

natione judicii mutandi causa suppose des *possessiones donatæ*, des immeubles donnés; on y trouve ces mots *priorem dominum, rem transtulisse :* ancien propriétaire, translation de la chose. L'aliénation de la chose a eu lieu, et leur donataire acquiert ainsi le droit de revendiquer.

Mais il ne saurait être question d'acte translatif de propriété, de mancipation, ni pour les fonds provinciaux, ni pour les objets mobiliers. Les premiers n'ont pas de propriétaires. Quant aux seconds, ils sont, pour la plupart, *res nec mancipi*, et Ulpien d'ailleurs s'exprime ainsi : « *Res mobiles non nisi præsentes mancipari possunt, et non plures quam quot manu capi possunt* (1). » Celui qui ne possède pas ne peut les aliéner ni par mancipation ni par tradition. Quant à l'*in jure cessio*, elle demanderait aussi la présence de l'objet cédé. Cependant l'édit impérial fut étendu aux fonds provinciaux et aux objets mobiliers. Il faut supposer que le vendeur constituait l'acheteur *procurator in rem suam ;* à ce titre seul l'acheteur pouvait agir.

15. — Il est difficile de déterminer le caractère précis auquel se reconnaissent les choses litigieuses.

Les interprètes du droit romain enseignent généralement qu'un objet devient litigieux, quand il est revendiqué, à partir de la *litiscontestatio* (2).

Les textes sur lesquels ils se fondent sont au nombre de cinq, la loi 1 § 1 ff. *De litigiosis*, la loi 13 ff. *Familiæ erciscundæ*, la loi 1 in f. C. *Comm. div.* (III, 37), les lois 2 et 4 C. *De litigiosis*.

La loi 1 § 1 ff. *De litigiosis* suppose les circonstances suivantes : Il y a *litiscontestatio* entre Primus et Secundus; j'achète de Tertius qui n'est pas en cause; Ulpien se demande s'il y a lieu à l'exception et répond négativement; au contraire, dans le cas où il y aurait eu *judicium acceptum*, c'est-à-dire *litiscontestatio* avec le procureur, le tuteur ou le curateur d'une personne, la chose serait litigieuse par rapport à celle-ci et ne pourrait plus être vendue par elle.

(1) Id. ibid.

(2) Cujas, app. notæ, ad lib. XLIV, ff. tit 6 et ad Cod., lib. VIII, tit. 37. — M. Maynz, *l. c.*, § 141. — M. de Vangerow, *l. c.*, § 160. — Faber, Cod *De litigiosis*, lib. VIII, tit. 25, Def. 3.

Sans doute, quand une chose est revendiquée, après la *litiscontestatio*, on ne peut douter qu'elle ne soit litigieuse. Mais est-il absolument nécessaire d'attendre ce moment pour la déclarer telle? La loi 1 § 1 ne le dit pas. Le jurisconsulte ne donne aucune définition.

La loi 13 ff. *Fam. erc.* s'exprime ainsi : « *Alienationes enim post judicium acceptum interdictæ sunt,* » et la l. 1 C. *Comm. div.* se termine par ces mots : « *Hoc videlicet custodiendo, ut post litis contestationem nemo nec partem suam, ceteris ejusdem rei dominis non consentientibus, alienare possit.* » Mais ces deux textes doivent être écartés. 1° Ils ne définissent pas le mot *litigieux*; ils s'appliquent à une hypothèse tout à fait différente de celle de l'édit impérial, à l'aliénation par un copropriétaire de sa part indivise dans un objet ou dans un immeuble. D'un côté, son droit de co-propriété n'est pas mis en question; de l'autre, rien ne montre qu'il soit privé de la possession. Les deux textes contiennent une règle spéciale aux actions en partage : « Après la *litiscontestatio* dans l'action *familiæ erciscundæ*, dit Cujas (1), l'aliénation est interdite, non parce que la *familia* est litigieuse, car elle ne l'est pas, mais parce que, un arbitre étant désigné pour le partage, aucune chose ne doit lui être soustraite, que toutes les choses héréditaires doivent être représentées pour être ensuite partagées. » A cette règle spéciale est apporté un tempérament spécial : le consentement des co-propriétaires valide l'aliénation (2).

Nous parlerons un peu plus loin des lois 2 et 4 C. *De litig.* En ce moment nous ferons observer qu'elles n'appartiennent pas à la jurisprudence classique.

On peut rapprocher de ces textes la loi 3 *De litig.* où Gaius parle de *res de qua controversia est,* mais sans dire à quel moment de la *controversia* il se place, et le fragment *De jure fisci,* qui donne la définition suivante : « *Res litigiosa videtur de qua apud suum judicem quæstio delata est.* » Le texte se-

(1) Cuj. *in quæst. Pap.*, ad l. 13 *Fam. erc.*, t. 1, op. posth., col. 154.

(2) Cf. l. 11, C. *Comm. div.* M. de Vangerow, *l. c.*, met à part la défense d'aliéner après la *litiscontestatio* dans les actions en partage, en citant la l. 9 ff. *Finium regund.*, et la loi 25 § 6 ff. *Fam. erc.* Il dit qu'on ignore si cette défense vient d'une loi ou d'un édit.

rait décisif, s'il était certain que *judex* y fût pris dans un sens technique, par opposition à *magistratus*. M. de Vangerow n'en a pas jugé ainsi, puisqu'il ne renvoie pas à ce fragment. Les mots *apud suum judicem* suffisent pour faire naître le doute. *Suum* ne peut-il pas indiquer la compétence, et la question de compétence ne concerne-t-elle pas le magistrat à l'exclusion du juge? Il serait étonnant que le jurisconsulte, voulant parler de la *litiscontestatio* dans une définition où il était si nécessaire et si facile d'être précis, eût employé une tournure, peut-être équivalente, mais bizarre et ambiguë.

Si nous cherchons à montrer que les textes romains n'exigent pas d'une manière absolue la *litiscontestatio* formée avant la vente pour regarder la chose comme litigieuse, c'est que les principes généraux du droit ne permettent pas de subordonner l'exception *litigiosi* à la condition que la chose revendiquée ait été *in judicium deducta*.

De deux choses l'une, ou un acte translatif de propriété a eu lieu, ou l'acheteur a été simplement constitué *procurator in rem suam*. Le premier cas est celui où l'objet vendu est un fonds italique, mancipé par le vendeur. Supposons que celui-ci ait commencé par revendiquer et soit arrivé à la *litiscontestatio*. L'acheteur intentera une autre action où l'*intentio* sera rédigée en son nom et nullement au nom du vendeur : « *Si paret fundum Cornelianum Auli Agerii esse.* » Le possesseur, étant *in jure*, oppose à cette seconde action l'exception *litigiosi*, par laquelle le second demandeur est péremptoirement écarté, s'il a connu, au moment de son achat, la première *litiscontestatio*.

Dans le second cas, la *litiscontestatio* ayant eu lieu avant la vente et, par conséquent, avant la constitution du *procurator in rem suam*, celui-ci a-t-il le choix entre deux partis, ou continuer l'action commencée, ou en former une nouvelle? Les textes ne le représentent pas comme continuant l'action commencée ; il faut qu'il forme une action nouvelle, pour que le possesseur fasse insérer dans la formule l'exception *litigiosi;* une exception ne saurait être invoquée pour la première fois devant le juge. D'ailleurs la formule est déjà rédigée et la *condemnatio* est au nom du vendeur ; à quoi servirait le mandat *in rem suam?* Il est aussi impossible de faire modifier la *condemnatio* par le juge que de lui soumettre une exception qu'il n'est pas chargé de vérifier. Enfin tous les textes qui s'occupent soit du *cognitor*, soit du *procurator*, toutes les conditions exigées du mandant ou du mandataire supposent la constitution antérieure à la *litiscontestatio*. Reste le deuxième parti : L'acheteur, constitué *procurator in rem suam*, forme une action nouvelle ; il fait rédiger l'*intentio* au nom du vendeur. « *Si paret rem ex jure Quiritium Primi esse,* » la *condemnatio* en son propre nom (1). N'a-t-il à craindre que l'exception *litigiosi* et l'édit d'Auguste? Mais il est immédiatement arrêté par les principes généraux du droit : le possesseur lui oppose l'exception *rei in judicium deductæ* (2), plus avantageuse pour un défendeur que la première, car l'efficacité n'en est pas subordonnée à la preuve de la *scientia* chez le demandeur. C'est à l'*intentio* que se reconnaissent les demandes ; l'*intentio* est exactement la même dans les deux revendications.

A vrai dire, l'exception *rei in judicium deductæ* doit être également opposable à l'acheteur, soit qu'il agisse en son nom propre, à la suite d'un acte translatif de propriété, soit qu'il ait été constitué *procurator in rem suam*. Ne faut-il pas appliquer à cette exception, qui nous est peu connue, parce qu'elle n'existait plus dans le droit de Justinien, les mêmes règles qu'à l'exception *rei judicatæ?* Gaius les rapproche à dessein l'une de l'autre. Pour que l'exception *rei judicatæ* soit invoquée efficacement, le deuxième débat doit s'engager entre les mêmes personnes que le premier ; mais il faut entendre largement ces mots : *entre les mêmes personnes*. La chose jugée contre Titius m'est opposable, si je revendique *ex eo jure quo Titius victus est* (3). L'exception *rei judicatæ* nuit à celui qui a figuré dans l'instance *vel successoribus ejus* (4). Parmi les successeurs se trouvent l'acheteur (5) et l'acquéreur de la propriété (6). S'il y a eu un *procurator* constitué, la chose jugée avec lui est censée l'être avec le *do-*

(1) Gaius, com. IV, 86.
(2) *Id.*, *eod.*, 106 et 107.
(3) L. 63 in f. ff. *De re judicata* (XLII, 1).
(4) L. 2 C. *De except.* (VIII, 36).
(5) L. 9 § 2, l. 11 §§ 3 et 9 ff. *De exc. rei* . (XLIV, 2).
(6) L. 28 ff. *eod.*

minus; comment la chose jugée avec le *dominus* ne vaudrait-elle pas contre le *procurator?* Il serait difficile de trouver une raison pour n'appliquer pas à l'exception *rei in judicium deductæ* les principes que nous venons d'exposer.

La loi 1 § 1 ff. *De litigiosis* nous laisse même quelque doute; elle se termine ainsi : « Si tamen cum procuratore, tutore curatoreve alicujus judicium acceptum sit, consequens erit dicere, quasi cum ipso litigetur, ita eum ad exceptionem pertinere. » Dans la phrase précédente, le jurisconsulte s'était mis lui-même en scène comme acquéreur de l'objet litigieux; il devait dire : « me ad exceptionem pertinere, » s'il parlait d'une exception opposable à l'acquéreur. Peut-on entendre les mots qu'il a employés comme signifiant : « la vente faite par celui dont le procureur, le tuteur ou le curateur a fait la *litiscontestatio*, donnera lieu à l'exception *litigiosi?* » Le sens naturel de la phrase est celui-ci : « Si la *litiscontestatio* a eu lieu avec le procureur, le tuteur ou le curateur de quelqu'un, il faudra dire qu'il sera soumis à l'exception, comme si le procès était engagé avec lui. » A quelle exception? Sans doute à celle qui résulte de la *litiscontestatio*, à l'exception *rei in judicium deductæ*. Pourquoi le jurisconsulte fait-il cette observation? Deux explications se présentent : ou, dans le commencement du paragraphe, c'est à cette même exception qu'il pense, c'est celle-là qu'il refuse d'appliquer, ou plutôt il pose le principe que l'exception *rei in judicium deductæ* est opposable à celui dont le procureur, le tuteur ou le curateur a fait la *litiscontestatio* pour en tirer la conséquence suivante : les actes faits par ces personnes sont regardés comme faits par celui qu'elles représentent; ce qui rendrait l'objet litigieux à l'égard des premières le rendra tel à l'égard du dernier, mais que faut-il pour rendre l'objet litigieux?

Si la *litiscontestatio* avait été indispensable pour donner à un objet le caractère litigieux, Ulpien n'aurait pas eu besoin de dire : « La dénonciation faite pour empêcher la vente ne rend pas l'objet litigieux (1); » Sévère et Antonin n'auraient pas écrit : « Quand le créancier vend le gage, on ne peut considérer l'achat comme étant celui d'un objet litigieux,

(1) L. 1 pp. ff. h. t.

quoique le débiteur défende d'accomplir la vente (1); » et Alexandre : « Le créancier, vendant la chose qui lui est affectée en gage ou par hypothèque, ne paraît pas vendre un objet litigieux, quoique le débiteur possède à précaire (2). » N'est-il pas remarquable qu'aucun des trois textes ne donne cette raison qui eût été décisive : la *litiscontestatio* seule rend l'objet litigieux ? ou plutôt les questions qui y sont tranchées, se fussent-elles posées, s'il y avait eu certitude sur ce point ?

Il est probable que la chose devenait litigieuse, quand le procès commençait devant le magistrat. La *vocatio in jus* et la *denuntiatio litis* devaient suffire. Dès qu'elles avaient eu lieu, il y avait *controversia*, comme dit Gaius, la question était *delata apud suum judicem*, comme dit le fragment *de jure fisci*. La procédure *in jure* pouvait durer assez longtemps. Il était possible que le demandeur aperçût, dès le début, des chances défavorables pour lui et qu'il cherchât, par une vente, à rendre plus mauvaise la condition de son adversaire.

On comprend que les parties intéressées aient cherché à faire regarder comme litigieuse toute chose qui avait donné lieu à un commencement de contestation, par exemple à une défense de vendre.

L'interdiction de vendre les choses litigieuses, ainsi comprise, correspond à la défense d'aliéner *judicii mutandi causa*; la première établie dans l'intérêt du défendeur contre le demandeur, la seconde dans l'intérêt du demandeur contre le défendeur, toutes deux pour le temps qui précède la *litiscontestatio*. Une fois le débat déféré au juge par la *litiscontestatio*, ni le demandeur ni le défendeur n'ont besoin d'une protection spéciale; celle qu'assurent, soit à l'un, soit à l'autre, les principes généraux du droit, est suffisante et efficace.

10. — C'est au système de la procédure extraordinaire que se rattachent les trois dernières lois du titre *De litigiosis*, au Code. Les lois 2 et 4 prohibent la vente qui se ferait *lite pendente*. Ces expressions fournissent un argument à l'opi-

(1) L. 1 C. h. t.
(2) L. 2 C. *De distr. pign.* (VIII, 28.)

nion générale qui veut que la *litiscontestatio* rende seule l'objet litigieux. Mais sous la procédure extraordinaire, il n'y a plus que deux phases dans le procès, « il n'y a plus à distinguer le *jus* du *judicium* : les parties rendues *in jus* sont aussi *in judicio* (1). » Le procès ne sera-t-il considéré comme pendant qu'à partir du moment où la narration de la cause aura été commencée devant le juge (2) ? Cette nouvelle et imparfaite *litiscontestatio* aurait-elle produit un effet que n'avait pas l'ancienne ? Le texte de la loi 2 C. *De litigiosis* porte : « Lite pendente, actiones quæ in judicium deductæ sunt. » *In judicium deduci*, dans le droit classique, indique la *litiscontestatio*. Mais ces mots ne se retrouvent pas dans le texte original de la constitution, au Code Théodosien : « Lite pendente, illud quod in controversiam devocatur », disait Constantin (3). D'ailleurs Arcadius et Honorius ne décident-ils pas que la *litiscontestatio* résulte de la requête adressée au prince (4), requête qui n'est autre chose qu'un acte de procédure introductif d'instance ?

D'après ce qui vient d'être dit, Justinien n'a fait que se conformer à la tradition juridique et au sens naturel des mots, en définissant ainsi la chose litigieuse. « Celle sur la propriété de laquelle un débat est élevé entre le demandeur et le possesseur, soit par une poursuite judiciaire, soit par un rescrit adressé au prince et insinué devant le juge, qui le fait porter à la connaissance de l'adversaire du demandeur (5). » Cette définition est donnée dans une novelle. Elle en a été détachée pour former l'Authentique *Litigiosa*, placée à la suite de la loi 1 C. *De litigiosis*.

On sait que, dans le dernier état du droit romain, l'exception *rei in judicium deductæ* n'a plus d'application. Toute l'importance qu'elle avait dû avoir passe nécessairement à l'exception *litigiosi*, qui est désormais seule opposable, à quelque moment de l'instance que la vente ait eu lieu. Mais

(1) M. Ortolan, *Explication historique des Instituts*, n. 2064.

(2) L. un. C. *De litiscontestatione* (III, 9).

(3) L. un. C. Th. *De litigiosis* (IV, 5.)

(4) L. 1 C. *Quando libellus* (I, 20).

(5) Nov. 112, c. 1.

cette exception même ne tarde pas à devenir inutile; des sanctions nouvelles sont introduites par les empereurs.

17. — Pour que l'exception *litigiosi* soit opposable, il faut, nous l'avons dit, que l'acquéreur ait été *sciens*, qu'il ait connu, au moment de son achat, l'existence du procès (1).

18. — A partir de Constantin, une sanction nouvelle se substitue à l'exception. L'empereur défend de vendre, de donner, d'aliéner, de quelque manière que ce soit, « lite pendente, illud quod in controversiam devocatur; » si la défense est violée, « tanquam nihil factum sit, lite nihilominus peragenda (2). » L'action continuera entre les mêmes parties.

19. — La constitution dont nous parlons forme la loi 2. *De litigiosis*, au Code de Justinien; mais elle y a subi un notable changement. Nous ne ferons pas observer que Tribonien fait mention du demandeur comme de la personne contre laquelle l'interdiction est portée; cette mention ne sert qu'à préciser la pensée qui était certainement dans l'esprit de l'empereur (3). Mais à la défense d'aliéner les choses, Tribonien ajoute celle d'aliéner les actions déduites en justice; il étend ainsi aux droits personnels une règle qui ne les concernait pas.

20. — Gratien, Valentinien et Théodose (4) décident que, si une chose litigieuse est laissée par legs ou par fidéicommis au fisc, à une *persona potentior* ou à toute autre personne, l'estimation devra en être fournie au légataire ou au fidéicommissaire, et que les héritiers continueront le procès (*peragant*) à leurs risques et périls. Les empereurs décident de même pour le cas où il s'agit d'un *ambiguum chirographum*, d'une créance contestable; les héritiers doivent en payer immédiatement le montant au fisc ou aux autres personnes, et poursuivre le débiteur. Sans doute même, dans cette seconde hypothèse, il faut supposer que le procès est

(1) Gaius IV, 117. Cf l. 2 ff. *De litigiosis*.

(2) L. un. C. Th. *De litigiosis*.

(3) Ce que n'a pu comprendre Godefroy, qui ne connaissait pas le commentaire de Gaius, et ignorait que l'édit d'Auguste eût été rendu contre les demandeurs, n'étant pas en possession des choses aliénées par eux.

(4) L. 3 C. h. t.

déjà commencé, quoique les expressions de la loi puissent laisser quelque doute sur ce point. Il est permis de croire que les auteurs ont pensé moins à protéger les détenteurs des biens litigieux ou les personnes tenues d'une dette contestable, qu'à garantir le fisc impérial contre les mauvaises chances du procès; le fisc est encore la personne que les empereurs trouvent la plus digne d'intérêt et de protection.

C'est la seconde disposition de cette loi, sur le *chirographum ambiguum*, que Tribonien a généralisée en l'attribuant à Constantin.

21. — Enfin Justinien établit un nouveau sytème (1). Quand un procès est pendant, si le demandeur transfère son action, le défendeur la chose qu'il possède, le contrat est infecté du vice *litigiosi*, soit que l'acquéreur ait connu, soit qu'il ait ignoré l'existence du litige.

S'il l'a connue, de quelque manière qu'il ait acquis la chose, il doit la restituer; de plus, il est privé du prix, qui est attribué au fisc; l'auteur de l'aliénation recouvre la chose, mais paie au fisc une somme égale au prix. Si l'acquéreur est de bonne foi, l'aliénation étant annulée, il se fait rendre le prix et un tiers en sus; dans le cas où il est donataire, il reçoit seulement le tiers de la valeur de la chose. Les interprètes supposent que les deux autres tiers sont attribués au fisc; l'auteur de l'aliénation, ne pouvant être soumis à une moindre peine à cause de la bonne foi de l'acquéreur, paie toujours la valeur de la chose, et le fisc est la seule personne qui puisse toucher ce que le donataire ne reçoit pas.

Ces sanctions rigoureuses semblent faites pour la seule hypothèse où la chose est aliénée par le possesseur. L'empereur suppose constamment que la chose a été livrée, et elle n'a pu l'être par le demandeur. Dans l'hypothèse où l'aliénation est faite par le demandeur, la loi 2, modifiée par Tribonien, et la loi 3, de Gratien, Valentinien et Théodose, reçoivent leur application.

L'aliénation est donc interdite sous des peines moins rigoureuses au demandeur qu'au défendeur. Cette inégalité de rigueur se comprend dans un système de procédure où la sentence prononcée contre un possesseur doit avoir pour ob

(1) L. 4 C. h. t.

jet la chose réclamée elle-même et non plus une somme d'argent (1).

22. — Justinien excepte de sa prohibition générale les cas où l'aliénation est faite à titre de dot, de donation *ante nuptias*, de transaction, dans un partage par legs ou par fidéicommis.

23. — On voit quelles modifications avait subies, depuis Auguste, l'interdiction de vendre les choses litigieuses. Etablie contre les demandeurs qui ne possédaient pas, elle finit par s'appliquer aux défendeurs qui possèdent. Elle était faite pour empêcher l'exercice d'une revendication nouvelle par une personne autre que celle qui avait déjà commencé à revendiquer ; elle est étendue de manière à empêcher la substitution d'un demandeur à un autre, même dans une action *in personam*. L'exception *litigiosi* perd son utilité; elle est remplacée par des sanctions d'une autre nature, mieux appropriées au caractère nouveau de l'interdiction; si l'aliénation vient du demandeur, il n'en est pas tenu compte et le procès continue entre les mêmes parties; si elle vient du possesseur, elle est nulle et des amendes sont portées contre ceux qui ont enfreint la loi.

Tous les interprètes n'ont pas suivi ce développement historique de l'interdiction portée par Auguste. Aussi ont-ils imaginé des difficultés, et commis des erreurs quelquefois considérables.

24. — La défense d'aliéner s'applique, depuis Justinien, aux actions *in personam* litigieuses (2). On s'est demandé à partir de quel moment ces actions seraient considérées comme litigieuses, s'il fallait suivre l'Authentique *Litigiosa* qui se contente de l'introduction de l'instance par la remise du libelle ou de la requête, ou si l'on devait attendre la *litis-contestatio*, conformément à la règle qui était considérée comme celle du droit romain classique, et restreindre l'Authentique à la revendication conformément à la prétendue innovation de Justinien. Cette question a soulevé une longue et vive controverse entre les anciens interprètes du droit romain. La plus grande partie embrassait la seconde opinion.

(1) M. de Vangerow, *l. c.*, p. 258.

(2) Par l'interpolation faite dans la loi 2 C. h. t.

C'est celle qu'adopte aussi M. de Vangerow (1). Il serait difficile de l'admettre, s'il était vrai que le droit romain n'eût jamais exigé la *litiscontestatio* formée avant la vente pour considérer la chose comme litigieuse.

III

Troisième hypothèse. — Il faut protéger le débiteur ou le prétendu débiteur contre le cessionnaire de l'action à laquelle il est exposé.

25. — Il est tout naturel que le droit romain n'ait pas songé de bonne heure à protéger les débiteurs ou prétendus débiteurs contre les cessions d'actions. Jamais il n'admit qu'une action pût être cédée, aliénée. A l'origine, celui qui voulait transmettre à un tiers l'avantage d'une créance devait recourir à la novation (2); mais il lui fallait le consentement et la participation du débiteur; celui-ci ne pouvait se plaindre d'un acte où il avait été partie. Les Romains imaginèrent le mandat *in rem suam*, qui conférait aux tiers le pouvoir d'agir et le droit de garder pour lui le bénéfice de l'action. Ce fut contre l'abus de ce mandat qu'une protection parut indispensable.

Les créances restaient en dehors de l'édit *de alienatione judicii mutandi causa*, nous l'avons dit. Nous avons vu que l'édit d'Auguste ne s'y appliquait pas non plus. Gratien, Valentinien et Théodose établirent, les premiers, des règles propres à la transmission des créances litigieuses par acte de dernière volonté, et Justinien en prohiba la cession d'une manière générale, en ordonnant que le procès engagé continuât entre les mêmes personnes. Dans les lois 2 et 3 C. *De litigiosis*, il n'est question que des créances litigieuses.

Nous trouvons au Code un titre portant cette rubrique : « Ne liceat potentioribus patrocinium litigantibus præstare, vel actiones in se transferre » (II, 14). Dans la loi 1, Dioclétien et Maximien rappellent une constitution de Claude, portant que ceux qui invoquent le patronage de *potentiores personæ* seront punis par la perte de leur cause. Arcadius, Ho-

(1) L. c.

(2) Gaius, Comm. II, 38.

norius et Théodose II, dans la loi 2, décident que la créance sera perdue, quand une action quelconque aura été transportée *ad potentiores personas* (1).

26. — Anastase alla plus loin. Ce ne fut pas seulement la cession faite à des personnes plus puissantes, ce fut toute cession d'action qu'il condamna comme préjudiciable et vexatoire pour le défendeur éventuel, et qu'il interdit formellement. Dans la fameuse loi *per diversas* (2), il s'exprima ainsi : « Par diverses requêtes à nous adressées, nous avons reconnu que certaines personnes, avides des biens et de la fortune d'autrui, s'empressent d'obtenir la cession d'actions appartenant à d'autres, et par là font subir des vexations de tout genre aux personnes des plaideurs. »

L'empereur considère les cessionnaires d'actions comme des spéculateurs dangereux dont la poursuite doit nécessairement être vexatoire pour le défendeur éventuel.

Il ajoute : « Il est certain, en ce qui concerne les créances incontestables, que ceux à qui elles appartenaient auparavant aiment mieux réclamer eux-mêmes leurs droits que de les transporter à autrui. » Cette spéculation dangereuse et vexatoire ne se peut exercer que sur des créances contestables.

Doneau (3) se méprend quand il donne à la loi le motif suivant : d'ordinaire le cédant cherche à vexer le débiteur en lui opposant un adversaire chicaneur, mais il retient l'avantage du procès qu'il doit partager avec le cessionnaire, celui-ci devenant ainsi *redemptor litis* (*redemptores litium alienarum*, dit la loi). Des marchés de ce genre peuvent avoir lieu, la loi 12 ff. *De alienatione judicii mutandi causa* en prévoit un. Mais rien ne fait croire qu'Anastase y ait pensé dans la loi *Per diversas.* En parlant de *redemptores litium alienarum*, l'empereur veut dire que ceux qui se font faire de telles

(1) On a interprété cette loi comme s'appliquant soit à une cession simulée, soit à un patronage de personne plus puissante; mais M. de Vangerow enseigne avec raison qu'elle doit s'entendre de toute cession, soit vraie, soit simulée.

(2) L. 22 C. *Mandati* (IV, 65). On l'appelle souvent *lex Anastasiana.*

(3) Ad h. l. n. 2.

cessions achèteut plutôt les procès que les actions ou les créances (1).

27. — Il n'est question dans les lois 22 et 23 C. *Mandati* que des cessions de créances. Anastase se sert, en commençant, de l'expression générale *actionum*, plus bas, du mot *vindicare*, mais les expressions *obligationes*, *debitum*, *debitor*, se rencontrent à chaque ligne dans les deux textes. La sanction imaginée par Anastase ne convient qu'aux cessions de créances, nous l'allons voir.

28. — Voici quelle est cette sanction : « Si quelqu'un, ayant donné de l'argent, reçoit une cession de ce genre, qu'il lui soit permis d'exercer les actions seulement pour le montant des sommes payées par lui et pour les intérêts de ces sommes, quand même le nom de vente aurait été inséré dans l'acte de cession. »

L'empereur permet d'exercer l'action cédée, mais seulement pour une certaine somme; il écrit sous le système de la procédure extraordinaire, d'après lequel les condamnations portent sur l'objet même de la demande. Une telle sanction paraît exclusivement applicable aux créances et même aux créances de sommes d'argent.

Si la cession était faite non pour un prix en argent, mais moyennant la dation d'un objet, la même règle trouverait son application; il faudrait seulement estimer l'objet, et l'action s'exercerait jusqu'à concurrence de l'estimation (2).

Il faut que l'argent ait été réellement payé ou l'objet réellement livré. Il ne suffirait pas qu'ils eussent été promis (3) : *solutarum pecuniarum*, dit la loi 22, *quam ipse vero contractu reipsa persolvit*, dit la loi 23. La simple promesse prêterait à la fraude.

(1) Cujas, *Obs.*, lib. XVI, c. 16, donne la même explication que Doneau des mots *redemptor litis* et attribue le même motif à Anastase. Mais, dans son commentaire sur le Code, ad h. t., il suppose que l'acheteur veut garder pour lui l'excédant de la créance sur le prix de la cession. — Dans ses *notæ* ad C. h. t., il admet cette définition d'Harménopoule : « qui pecuniam dedit ut sibi vendatur actio. »

(2) Doneau, *l. c.*, n. 8.

(3) Id. eod.

Que devient l'excédant qui ne peut être réclamé par le cessionnaire? (1. Le fisc a trouvé des défenseurs ardents qui le lui ont attribué, mais leur opinion a eu peu de faveur et est abandonnée. (2. On ne peut admettre que le vendeur garde le droit de le demander. Anastase ne pense pas à l'intérêt des créanciers auxquels des spéculateurs inspirent des doutes sur la valeur de créances réellement bonnes. (3. Ce sont les débiteurs qu'il veut protéger contre ceux qui acquièrent à vil prix de mauvaises créances. Il ne croit pas qu'on cède si facilement des droits incontestables. Il se pose en quelque sorte à lui-même la présomption qu'il n'y a pas de dette, il ne peut faire autrement que d'affranchir le cédé de l'action pour l'excédant. Tout au moins, pour garantir les débiteurs des vexations qui les menacent, retire-t-il les créances du commerce en décourageant les acquéreurs. Une disposition est prise en faveur des débiteurs, c'est à eux que doit profiter la sanction; le cédant qui a volontairement aliéné son droit entier ne saurait se plaindre. Enfin la loi 23 se rattache à la loi 22: «Generaliter Anastasianæ constitutioni subvenientes,» dit le *principium;* Justinien complète l'œuvre de son prédécesseur en étendant la constitution à un cas non prévu par lui, mais il ne change pas la nature de la sanction, et il dit expressément: « Omne quod superfluum est... inutile esse ex utraque parte, et neque ei qui cessit actiones, neque ei qui suscipere curavit, aliquid lucri vel fieri, vel remanere, vel aliquam contra debitores, vel res ad eum pertinentes esse utrique eorum actionem. » La novelle 72, ch. 5, contient une disposition analogue, elle défend aux curateurs d'accepter la cession d'une créance contre les personnes soumises à leur curatelle et déclare que le droit cédé sera éteint au profit du débiteur (1).

(4. Ce que nous venons de dire suffit pour faire écarter une distinction proposée par les jurisconsultes modernes. Voici en quoi elle consiste : si les parties avaient fait une vente réelle, le vendeur pourrait encore réclamer l'excédant; si elles avaient fait, soit une vente pour partie, et une donation pour partie, soit une donation simulée pour le tout, le débiteur serait libéré. La première hypothèse serait celle de la loi 22; Anastase ne dit pas que le débiteur soit

(1) M. de Vangerow, § 576. Rem. 1, t. III, p. 135.

libéré pour l'excédant de sa dette sur le prix de la cession; la seconde hypothèse serait celle de la loi 23, et nous venons de voir quel langage y tient Justinien. Ce système repose sur une opposition prétendue entre les deux lois; nous avons montré qu'il fallait admettre pour les cas prévus par la première, la sanction expressément indiquée par la seconde. Justinien étend l'application de la loi d'Anastase; étendre une loi n'est pas changer la nature de la sanction qui y est attachée (1).

29. — Le débiteur, libéré civilement de cet excédant, n'en est même pas tenu par une obligation naturelle. Justinien ne parle pas de la déchéance de l'action, mais de la perte du droit lui-même (2).

30. — C'est une grave question que de savoir sur qui retombera le fardeau de la preuve; le cessionnaire ne pouvant agir que jusqu'à concurrence du prix payé au cédant, est-ce à lui à prouver ce paiement? Est-ce au débiteur à prouver que le cessionnaire a payé un prix inférieur au montant de la créance et quel est ce prix? Question qui a été longuement débattue par les interprètes du droit romain. La plupart aujourd'hui mettent la preuve à la charge du cessionnaire. (1. Anastase s'exprime ainsi : «Ita tamen ut si quis datis pecuniis hujusmodi subierit cessionem, usque ad ipsam tantummodo solutarum pecuniarum quantitatem et usurarum ejus actiones exercere permittatur. » Nous avons cité un passage de la loi 23, où Justinien refuse et au cédant et au cessionnaire tout droit à l'excédant de la créance sur le prix. Les empereurs ne veulent pas faire une faveur au débiteur; quand une personne réclame ce que les commentateurs appellent un bienfait de droit, elle doit prouver l'existence des conditions qui lui permettent d'y prétendre; mais telle n'est pas la situation faite au débiteur cédé; le profit indirect qui peut résulter pour lui de la cession ne saurait être assimilé à un bienfait de droit. C'est à limiter l'action du cessionnaire qu'ont pensé les empereurs : « Usque ad... actiones exercere permittatur. » (2. Quand la poursuite et même l'existence d'un droit sont subordonnées à une question de

(1) Id. col.

(2) Id., p. 138. Cuj. *Obs.* x, 3, et notæ ad. h. t. C.

mesure, c'est au demandeur à trancher celle-ci pour faire reconnaître celui-là. (3. L'idée qu'une présomption de dol pèserait, jusqu'à preuve contraire, sur tous les acquéreurs de créances a paru exorbitante à quelques jurisconsultes, car le dol ne se présume pas. Mais Anastase commence par établir une prohibition absolue : « Jubemus in posterum hujusmodi conamen prohiberi. » C'est par dérogation à cette prohibition qu'il admet l'exercice de l'action jusqu'à concurrence du prix versé entre les mains du cédant. La cession produite en justice n'est pas soumise à une présomption de dol; elle rentre dans la classe des actes prohibés. C'est au cessionnaire à l'en faire sortir. Il prouve le versement et la quotité du prix pour établir et l'existence et la mesure de son droit. (4. La loi recevrait bien peu d'applications si le juge devait attendre les preuves du débiteur. Il est facile au cessionnaire de fournir les siennes; il serait très-difficile au débiteur d'établir que le prix payé est inférieur au montant de la créance. La fixation de ce prix n'a pas d'importance, c'est du versement que dépend l'étendue de l'action. Peut-on penser que la preuve du versement soit mise à la charge d'une personne qui y a été nécessairement étrangère, non de celle qui y a été nécessairement partie? La protection accordée au débiteur deviendrait illusoire, si elle dépendait d'une condition presque impossible à remplir (1).

31. — Les interprètes du droit romain se sont aussi demandé de quelle nature devait être la preuve fournie par le cessionnaire.

Doneau voulait qu'elle fût faite par témoins. Il excluait notamment l'aveu du cédant, à cause de l'intérêt que celui-ci garde dans la cause, suite d'une opinion erronée sur le caractère de la cession de créance (2). Anastase admettait probablement tout mode de preuve; il faut croire que l'acte de cession, fixant le prix, suffisait pour en établir la quotité. La quittance devait également justifier du versement du prix entre les mains du cédant (3). Toute autre preuve était ad-

(1) Doneau, *l. c.* n. 9 et 10. M. de Vangerow, l. c. Rem. II, p. 138 et suiv. M. Mayns, § 274.

(2) L. c. n. 10.

(3) M. de Vangerow, M. Mayns, ll. cit.

missible. Il est évident que le débiteur, de son côté, pouvait combattre les allégations du cessionnaire par la preuve contraire.

32. — Si le cessionnaire ne peut fournir la preuve qui lui est demandée, il perd son procès. On ne doit pas dire qu'il sera présumé avoir reçu la créance à titre de donation. Comme donataire, il aurait le droit de réclamer le tout (1). Une présomption de donation serait tout à fait contraire à la pensée du législateur.

33. — Anastase, en établissant la règle, y apporte lui-même plusieurs dérogations.

Il accepte : 1° la cession faite entre cohéritiers, *pro actionibus hereditariis*, c'est-à-dire au cas où une créance, divisée entre tous à la mort de l'auteur commun, est attribuée à l'un ou à plusieurs d'entre eux ;

2° La cession faite par un débiteur à un créancier d'une créance sur un tiers en paiement de sa propre dette ;

3° La cession que se fait faire un possesseur, pour conserver et affermir son droit sur l'objet possédé. Doneau (2) suppose que ce possesseur est poursuivi par la Publicienne, transige et se la fait céder, ce qui lui permettra de l'exercer plus tard contre les tiers; Cujas (3), qu'il acquiert un droit d'emphytéose. Ces suppositions sont contraires au sens de la loi d'Anastase, qui s'occupe seulement des cessions de créances; ces deux jurisconsultes le reconnaissent en principe. Il vaut mieux supposer un possesseur achetant l'action d'un créancier qui a hypothèque sur son bien ; il se soustrait à l'éviction hypothécaire et garde le droit d'agir pour le tout contre le débiteur personnel (4);

4° La cession faite à un légataire ou à un fidéicommissaire en exécution des legs ou des fidéicommis.

Doneau ramène les quatre exceptions à cette idée commune que la cession y est faite en vertu d'une cause préexistante et nécessaire. *Nécessaire* est beaucoup dire. Dans les deuxième

(1) M. de Vangerow, *l. c.*

(2) L. c. n. 17 et 18.

(3) Comment. ad C. h. t.

(4) Doneau indique cette hypothèse comme une de celles auxquelles peut être étendue la *lex Anastasiana*.

et troisième hypothèses, il n'y a pas nécessité. Tout ce que l'empereur demande, c'est que la cession ait un motif honnête et sérieux qui lui retire le caractère d'une spéculation. C'est à défaut d'un motif de ce genre que l'acquéreur devient *redemptor litis* (1). Il suffit de l'intérêt évident et légitime que les personnes ont à la conservation de droits préexistants.

Anastase termine ainsi sa constitution : « *Ut cessiones tam pro exceptis et specialiter enumeratis quam* aliis causis *factæ seu faciendæ secundum actionum, quæcumque cessæ sunt vel fuerint, tenorem sine quadam imminutione obtineant.* » La prohibition ne s'appliquera pas dans les cas analogues à ceux que l'empereur a formellement exceptés. Les interprètes en citent un certain nombre; indiquons seulement la cession faite par le créancier au fidéjusseur de son action contre le débiteur principal (2).

34. — La règle avec ses exceptions n'est pas faite pour les cessions à titre gratuit : « *Si autem per donationem cessio facta est, sciant omnes hujus modi legi locum non esse; sed antiqua jura esse servanda.* » La spéculation ne trouve pas de place dans les actes à titre gratuit.

35. — L'acquéreur, qui invoque une des exceptions établies par la loi ou qui prétend n'être pas soumis à la prohibition parce qu'il se présente comme donataire, doit évidemment prouver ou l'exception ou la donation qui lui permet d'agir pour le tout.

36. — Les acheteurs de créances trouvèrent moyen d'éluder la loi grâce à la réserve faite en faveur de la donation. Les uns se firent transférer à titre de vente la partie de la créance correspondante au prix versé par eux, et à titre de donation l'excédant de la créance sur ce prix; les autres déguisèrent l'acte tout entier sous les apparences d'une donation. Justinien vint au secours des débiteurs par la loi 23 C. *Mandati*, connue sous le nom de loi *ab Anastasio*.

La donation intégrale et sincère d'une créance reste permise comme par le passé; mais (1. si le cédant et le cession-

(1) « Nulla etenim tali ratione intercedente redemptor... magis existit qui alienas pecuniis præstitis subiit actiones. » L. 22 *cit.*

(2) Doneau, *l. c.*, n. 19 et 20.

naire ont, dans l'acte, fait pour partie une vente, pour partie une donation, le cessionnaire ne peut recouvrer au-delà du prix réellement payé par lui; l'excédant qui faisait l'objet de la donation simulée est complétement perdu, pour le cédant comme pour lui. Cette règle s'appliquerait même au cas où les deux parties de l'acte auraient été faites au profit de deux personnes différentes, la vente partielle à l'un, la donation de l'excédant à un autre. Justinien dit que les acquéreurs avaient l'habitude de faire ainsi intervenir un donataire supposé pour mieux déguiser la fraude.

12. Si les parties ont fait une cession à titre onéreux et ont donné à l'acte l'apparence d'une donation pour le tout, le droit du cessionnaire est limité à la somme qu'il a secrètement payée : l'excédant ne saurait être réclamé contre le débiteur : « *Et [in] hoc casu tantummodo exactionem sortiri [ejus] quod datum esse comprobetur,* » dit Justinien (§ 2). Sans doute, l'acte ayant l'apparence d'une donation, c'est au débiteur à prouver qu'il est réellement à titre onéreux, que le cédant *aliquid occulte susceperit.* Mais il ne faut pas aller plus loin; l'acte est ramené dans le cercle de la prohibition impériale et le cessionnaire prouvera la quotité de la somme qu'il a donnée : *quod datum esse comprobetur.*

37. — Justinien, selon son habitude, ne s'arrêta pas dans la voie où il s'était engagé. Il rendit une constitution pour supprimer les exceptions admises, soit expressément, soit implicitement par Anastase. La donation sincère demeura seule en dehors de la prohibition ainsi étendue. Cette constitution, écrite en grec, est mentionnée aux Basiliques (1). Cujas l'en a extraite et en a donné une traduction en latin, dont la plupart des éditeurs ont fait une loi 24 C. *Mandati.*

38. — C'est l'application des lois 22 et 23 que nous retrouverons et que nous étudierons principalement dans notre ancien droit. Le principe qui s'y trouvait contenu subit de singulières et grandes modifications. Ce fut après s'être transformé qu'il passa enfin dans le Code Napoléon.

(1) Liv. XIV, tit. I, n. 86.

CHAPITRE II.

ANCIEN DROIT FRANÇAIS.

39. — Nous trouvons dans l'ancien droit français trois séries de dispositions prises ou adoptées en vue de la cession de droits litigieux ou susceptibles de devenir tels. Une seule se rattache au droit romain. Les deux autres donnent satisfaction à ce besoin qu'on a toujours éprouvé de protéger les plaideurs contre la substitution d'une personne ou plus puissante ou mieux placée pour agir sur les juges à l'adversaire naturel et originaire (1).

A. 40. — Charles, depuis Charles V, étant lieutenant-général du royaume, rendit, en 1356, sous l'influence des Etats généraux, une ordonnance par laquelle il défendait de faire cession des dettes à plus puissantes personnes, par donation, vente ou autrement, à aucun officier du roi ou à d'autres, ni à personne privilégiée de scolarité ou autrement. Cette défense fut renouvelée par Henri III, en 1585.

Les sanctions étaient la nullité des transports, la déchéance du droit pour le cédant, une amende arbitraire pour le cessionnaire et la restitution des frais ou loyaux coûts et dépens par celui-ci à la partie adverse (2).

41. — Quelles personnes et quels actes l'ordonnance avait-elle en vue?

La défense, selon la remarque d'un ancien auteur (3), était moins générale que celle du droit romain. Elle était faite pour « quelques personnes, comme plus puissantes de faveurs, richesses, états, moyens et priviléges d'être convenus et de convenir par devant juges conservatoires, comme écoliers, gentilshommes ou officiers qui ont leurs causes commises aux requêtes du Palais et ailleurs (4). » Ces personnes

(1) V. sur la défense d'opérer cette substitution l'édit de Théodoric, 43 et 44 (Canciani, éd. 1781, t. I, p. 7), et les statuts de Provence et Forcalquier (*Cout. générales*, t. II, p. 1207).

(2) Le Prestre, *Questions notables*, éd. 1679, 1re centurie, ch. 93, n° 37.

(3) Maynard, *Notables et singulières questions de droit écrit*, éd. 1618 liv. VII, ch. 90, n° 2.

(4) Cf. Le Prestre, *loc. cit.*, n° 39.

peuvent être rangées en deux classes, celle des puissants et celle des privilégiés ; le législateur craint que l'influence des premiers n'emporte la décision des juges, que le privilége de juridiction des seconds n'enlève un plaideur à ses juges naturels.

« Le vice de litige, dit Lapeyrère (1), n'a lieu en France qu'en deux cas : 1° quand la cause est transférée à un plus puissant, 2° ou en distraction de son juge naturel. » C'est parmi les privilégiés, non parmi les plus puissants que les écoliers doivent être rangés.

42. — Il faut supposer, selon Le Prestre, que les transports « se font auparavant que l'action soit intentée et contestée. Car si la cause est contestée, *puta*, qu'il y ait eu un exploit libellé faisant expresse mention de l'action, fins et conclusions du demandeur, la cession s'en peut bien faire (2). » Une fois qu'il y avait eu contestation en cause, les cessionnaires n'avaient plus qu'à poursuivre le procès en demandant des lettres-royaux pour purger le vice de litige. Le procès continuait devant la même juridiction, l'aliénation *mutandi judicii causa* n'était plus à craindre.

Guéret, annotateur de Le Prestre, présente une doctrine moins absolue. Il demande « que la cession soit de chose litigieuse, c'est-à-dire ou d'une action qui compète au cédant ou d'un droit qui lui est contesté. A l'égard de l'action, dit-il, le transport qui en est fait aux personnes puissantes ou privilégiées ne laisse pas d'être frauduleux, quoique lors du transport elle ne soit pas encore intentée, car souvent la cession se fait *prospectu litis futuræ*, et cela suffit pour la rendre frauduleuse. » Quand il s'agit d'un droit contesté, il faut que la chose soit vraiment litigieuse, que le procès soit engagé.

Nos anciens auteurs ne s'arrêtèrent même pas à la doctrine de Guéret. Comme ils confondirent, pour la plupart, la prohibition de Charles V avec une autre défense dont nous allons nous occuper et qui ne regardait que les droits litigieux, ils appliquèrent la première aux droits litigieux ex-

(1) *Décisions sommaires*, éd. 1749, lettre L, n° 91.

(2) Le Prestre, *loc. cit.*, n° 40.

clusivement (1). Nous verrons plus loin ce qu'il faut entendre par cette expression.

43. — Le texte de l'ordonnance ne parlait que de dettes. La distinction de Guéret fait penser que la prohibition était étendue même aux cessions de droits réels, peut-être par suite de la même confusion. Mais il était généralement reconnu, il avait même jugé plusieurs fois que l'ordonnance ne s'appliquait pas à la vente d'immeubles, comme fonds, héritages, maisons et autres (2).

44. — Les anciens jurisconsultes rapprochent l'ordonnance des dispositions du droit romain contenues aux titres du Digeste et du Code *De alienatione judicii mutandi causa*, et au titre du Code *Ne liceat potentioribus*. La règle française ne dérive pas des règles romaines ; elle n'offre même que très-peu d'analogie avec celles-ci, surtout avec l'interdiction d'aliéner *judicii mutandi causa*, interdiction portée contre le défendeur éventuel à l'action *in rem*. Charles V avait eu en vue la cession d'une créance par le demandeur éventuel.

Guéret se reporte à la loi *ult. C. De litigiosis*, pour excepter de la prohibition les cessions que Justinien avait déclarées légitimes et pour distinguer entre l'acquéreur de mauvaise foi et celui de bonne foi ; ce dernier était soumis comme le premier à la prohibition, mais non aux peines (3).

B. 45. — Une seconde prohibition est établie, par un motif différent, contre les juges et officiers. L'ordonnance de 1521, art. 23, leur défendit d'acquérir, par vente, donation ou autrement, directement ou indirectement, par eux-mêmes ou par personnes interposées « les biens estant en querelle ou procès par devant eux ou en leur cour et jurisdiction, où ils auront quelque pouvoir, puissance et autorité par office. » Les sanctions étaient les mêmes que dans l'ordonnance de 1356 (4).

L'ordonnance d'Orléans, en janvier 1560, renouvela la

(1) V. note sur Lapeyrère, *loc. cit.* — Despeisses et du Rousseaud de la Combe, partie I, tit. 1, sect. 2, n° 4.

(2) Brillon, *Dict. des arrêts*, v° *Transport*, n° 21. — Le Prestre, *loc. cit.*, n° 37. — Maynard, *loc. cit.*, n° 3. — Du Rousseaud de la Combe, *Répertoire* v° *Transport*, n° 12.

(3) Cf. du Rousseaud de la Combe sur Despeisses, *loc. cit.*

(4) Le Prestre, *loc. cit.*, n° 41.

prohibition et l'étendit « aux avocats, procureurs et solliciteurs des parties, » mais seulement « pour le regard des causes et procès dont ils auroient charge, » en indiquant comme sanction une punition exemplaire.

Le code Michaud, art. 94, imposait à tous, juges, avocats, procureurs, clercs, solliciteurs, la même défense, il ne leur permettait d'acquérir aucune dette litigieuse. Il ne s'agissait plus seulement, pour les uns, des procès pendants devant eux ou devant leur juridiction, pour les autres, des causes dont ils étaient chargés. La sanction était la nullité de la cession à l'égard du cessionnaire, contre lequel l'objet de la cession pouvait être répété pendant dix ans. On sait que la plupart des Parlements refusèrent d'enregistrer le code Michaud.

L'ancienne défense fut rappelée par un arrêt de règlement du parlement de Paris, du 10 juillet 1665, art. 13. Le 12 mars 1701, le Grand Conseil rendit un arrêt pour interdire à M. de Coriolis, président au parlement de Provence, de prendre ou recevoir pour lui ou pour ses enfants, directement ou indirectement, des transports de droits litigieux dans l'étendue de sa juridiction (1).

40. — Sans doute les personnes contre lesquelles la prohibition était établie cherchaient à y échapper autant que possible. Les ordonnances, à part le code Michaud, ne rendaient les avocats et procureurs incapables d'acquérir que les procès dont ils étaient chargés. Au contraire l'incapacité des magistrats, d'après les ordonnances, comme d'après l'arrêt du Grand Conseil, résultait de ce que les procès étaient ou pouvaient être portés devant le corps auquel ils appartenaient. Cependant on trouve, dans l'édition augmentée du *Dictionnaire de Droit* de Ferrière (2), l'interprétation suivante : « L'ordonnance limite la prohibition aux procès dont ils (les magistrats) auront été juges ou dont ils (les avocats) auront été les défenseurs. » Boucher d'Argis (3) dit aussi que la pro-

(1) Henrys, éd. 1771, liv. IV, ch. II, quest. 6 : Nouv. obs. de Terrasson. — Brillon, *loc. cit.*, n° 14.

(2) Éd. 1771, v° *Transport.*

(3) *Questions de droit* par Bretonnier, éd. 1769 par Boucher d'Argis, v° *Droits litigieux*, n° 4.

hibition porte seulement sur les affaires dont sont chargées les personnes comprises dans les ordonnances.

Même ainsi restreinte, cette disposition, « très-sage, » dit Bretonnier (1), était mal gardée, surtout en province. Boucher d'Argis ajoute que beaucoup de praticiens et même d'officiers de judicature en province ne se font pas scrupule d'acquérir, malgré cette disposition, mais il reconnaît qu'elle est appliquée en cas de contestation.

Merlin soutient que l'usage a maintenu complétement la prohibition. Il ne distingue même pas, en ce qui concerne les avocats et les procureurs, entre les causes dont ils sont chargés et celles qui relèvent seulement de la juridiction à laquelle ils sont attachés, et il les déclare incapables d'acquérir les unes comme les autres (2).

47. — Les ordonnances prévoient des cessions de droits litigieux. Nous verrons plus loin quels droits sont considérés comme litigieux.

Il n'est pas interdit, à un avocat, par exemple, d'acquérir les droits dont il est chargé, s'ils sont certains et fondés en titre inattaquable (3).

La prohibition cesserait si la cession avait une cause légitime, une transaction, un partage en faveur du mariage : « Le parlement d'Aix a fait cette distinction par arrêt du 8 mars 1652, qui a déclaré licite la cession de dépens faite à un solliciteur sur le condamné (4). »

48. — Nous avons dit que la seconde prohibition avait été confondue avec la première. Ainsi Coquille (5) dit que plus puissante personne « s'entend plus puissante par office ou magistrature. » Il arrive souvent aux auteurs de traiter en même temps de l'une et de l'autre et de les soumettre aux mêmes règles.

(1) *Eod.*

(2) Rép., v° *Droits litigieux*, n° 3.

(3) Denisart, éd. 1771, v° *Droits litigieux*, n°s 7 et 8. Arrêts de 1761 1766.

(4) Du Rousseaud de la Combe sur Despeisses, *loc. cit.*, citant Guéret sur Le Prestre, *loc. cit.*

(5) Sur la coutume de Nivernais, ch. XXXII, art. 1.

C. 49. — Les règles que nous devons étudier maintenant se rapportent aux lois 22 et 23 C. *Mandati*, aux lois *Per diversas et ab Anastasio*, comme disent nos anciens jurisconsultes.

Comment les ont-ils comprises? C'est ce qu'il est assez difficile de déterminer. Il en est qui leur donnent bien leur sens et leur étendue véritables. Charondas dit qu'elles permettent « à un débiteur duquel la dette a été cédée et transportée par le créancier à un autre, de la retirer et racheter (1). » Maynard parle des achats d'actions, interdits parce qu'ils sont odieux et injustes, « ne tendans communément qu'à oppression et vexation d'autrui (2). » D'autres, au contraire, comprennent les lois, comme ils les appliquent, en les restreignant aux cessions d'actions litigieuses. Dumoulin s'exprime ainsi : « Dictæ leges statutæ sunt contra eos qui præ avaritia vel alios vexandi libidine viliredimunt *actiones litigiosas vel dubias* (3), » et Pothier : « Les lois, pour mettre un frein à la cupidité des acheteurs de droits *litigieux* et pour arrêter les procès, ont ordonné que les acheteurs de droits *litigieux* ne pussent exiger du débiteur plus que ce qu'ils ont donné pour le prix de la cession, avec les intérêts, et que le débiteur fût quitte du reste (4). »

Cette remarque a son importance pour l'interprétation des anciens jurisconsultes. Les uns disent que les lois sont observées en France, les autres qu'elles ne le sont pas, puis les uns et les autres arrivent souvent à donner les mêmes règles d'application. C'est que les premiers attachent aux deux lois le sens restreint de Dumoulin et de Pothier, les seconds le sens large et vrai de Charondas et de Maynard.

50. — Il y eut deux parlements où les lois d'Anastase et de Justinien furent admises sans restriction, les parlements de

(1) *Pandectes du droit françois*, liv. II, ch. XXIX.

(2) *Loc. cit.*, n° 1. — Cf. Le Prestre, *loc. cit.*, et du Rousseaud de la Combe, *Rép.*, *loc. cit.*, n° 8.

(3) *Tract. contr. usur.*, quest. 62, n° 413.

(4) Pothier, *Traité du contrat de vente*, n° 591. — Cf. Louet, v° *Cession d'actions de droits litigieux* et *Cession de droits litigieux*. — Merlin, *Questions de droit*, v° *Droits successifs*, § 1.

Toulouse (1) et de Grenoble (2). Le bénéfice en était reconnu au débiteur, la dette cédée fût-elle claire et liquide.

Ces deux parlements admettaient plusieurs exceptions, celles qu'indique Anastase : « Cela doit être entendu, dit Catelan (3), parlant de Toulouse, suivant les termes et le sens de ces lois, si le cédant achète l'action dans le dessein de faire de la peine au débiteur; l'usage fondé sur ces lois excepte du cas de leur décision ceux qui, ayant des hypothèques sur le débiteur, prennent, pour les augmenter et les rendre utiles, une cession des sommes dues par le même débiteur à d'autres; l'intérêt qu'ils ont alors à prendre la cession empêche de les regarder comme cessionnaires de mauvaise volonté, mais on a douté si le débiteur d'une somme qui, pour avoir de quoi compenser, prend une cession, la peut faire valoir envers son créancier pour plus que la somme pour laquelle la cession lui a été faite. » La question avait été tranchée dans le sens de l'affirmative, à la suite d'un arrêt de partage. Les auteurs représentent les trois exceptions suivantes comme admises sans difficulté : 1° quand le cessionnaire est lui-même créancier et qu'il est en perte; 2° quand la cession est faite à un tiers possesseur qui veut se préserver d'une éviction; 3° quand elle est faite *animo compensandi* (4). Il y avait eu quelque hésitation sur la première au parlement de Grenoble; Louet rapporte (5) un arrêt sans date, portant que le créancier en perte, qui acquiert par cession les droits d'un autre créancier colloqué en degré utile, peut se prévaloir de la somme allouée au cédant jusqu'à concurrence de celle dont il était en perte. Si cette jurisprudence s'était maintenue, il aurait été possible, dans ce cas, que la cession ne fût pas efficace pour le tout.

81. — Les deux lois eurent une destinée bien différente dans le reste de la France.

(1) Terrasson, Nouv. obs. sur Henrys, *loc. cit.* — Bretonnier, *loc. cit.*

(2) *Id.*, *ibid.*, *loc.* — Despeisses, *loc. cit.* — Louet, v° *Cession d'actions de droits litigieux*, n° 7. On cite trois arrêts, l'un de 1520, les deux autres de 1667.

(3) Liv. v, ch. LXXI.

(4) Terrasson, *loc. cit.* — Bretonnier, *loc. cit.*

(5) *Loc. cit.*, n° 8.

Il semble bien que le parlement de Paris se refusa d'abord à les appliquer. Imbert, Bugnon (1), Rebuffe (2) déclarent qu'elles n'ont pas lieu en France. Leur autorité est appuyée de celle de Godefroy (3).

Cette exclusion absolue ne dura point. Sans doute l'influence croissante du droit romain, plus étudié et plus respecté que jamais au seizième siècle, finit par l'emporter sur l'ancienne pratique. Nous voyons Dumoulin appliquer la loi *per diversas* (4). Chenu, après avoir rapporté l'opinion de ses devanciers, dit : « Maintenant le contraire s'observe en prenant par le debteur lettres royaux pour être reçu au bénéfice de ces lois et rentrer aux choses cédées en remboursant le cessionnaire. » Il ajoute : « Ce qui est inconnu en plusieurs siéges qui suivent la doctrine de ces praticiens, qui peut avoir été autrefois observée, et depuis, comme les lois changent *pro temporum moribus ac rerum publicarum generibus*, ces lois bien équitables ont été remises en usage (5). » Maynard (6), Charondas (7), Le Prestre (8), protestent également contre l'opinion d'Imbert et de Bugnon. Citons seulement le jurisconsulte plus moderne, dans les œuvres duquel le droit ancien s'est résumé et fixé pour nous : « L'équité de ces lois, dit Pothier (9), qui est évidente, les a fait adopter même dans la partie du royaume qui n'est pas soumise au droit romain. C'est ce qu'atteste Mornac sur lesdites lois : il cite un arrêt de 1586, prononcé en robes rouges, qui a fixé la jurisprudence à cet égard. »

L'opinion unanime des auteurs que nous avons cités ou nommés s'était formée d'après une jurisprudence constante du parlement de Paris. Ils citent de nombreux arrêts rendus

(1) Cités par Le Prestre, *loc. cit.*, n° 44.

(2) Cité par Charondas, *loc. cit.*

(3) Note sur la loi *Per diversas.*

(4) *Tract. contr. usur.*, quest. 62, n° 413, et sur la Cout. de Paris, tit. I, Des fiefs, § 11, gl. 4, in verb. *Commissaires.*

(5) Quest. 99.

(6) *Loc. cit.*, n° 5.

(7) *Loc. cit.* et *Resp.*, liv. VI, 91.

(8) *Loc. cit.*, n° 44. — Cf. Ferrière, sur la Cout. de Paris, éd. 1685, sur l'art. 108, n° 65.

(9) *Loc. cit.* n° 591.

dans la seconde moitié du seizième siècle et dans les premières années du dix-septième.

Cette apparente unanimité cache une opposition profonde entre ces mêmes auteurs. Ils admettent tous les deux lois, mais ils ne les entendent ni ne les appliquent de même. Les uns les rapportent à toute cession de créance, les autres les restreignent aux transports de droits litigieux.

La première doctrine est celle de Chenu ; le passage cité plus haut est conçu dans les termes les plus généraux, et la *question* d'où il est tiré est intitulée : «Que les lois *per diversas* et *ab Anastasio* sont observées en France et est le débiteur reçu à rembourser le cessionnaire du prix déboursé, etc.» Maynard, docile peut-être à l'influence de la jurisprudence tolosane, ne signale aucune restriction à l'application de ces deux lois. Il en est de même de Le Prestre. Ces trois jurisconsultes appartiennent, on le sait, à la fin du seizième siècle.

Il est vraisemblable que le parlement de Paris commença par prononcer comme ils décidaient. En 1566, il jugea que le cessionnaire d'une dette de 300 livres, qui n'en avait payé que cent, ne pouvait en réclamer plus de cent (1). Chenu rapporte tout au long un arrêt de 1578, qui n'indique point que le droit cédé ait été litigieux. On en trouve dans Le Prestre (2) un qui ordonne au tiers détenteur de vider les lieux et en même temps de laisser les rentes qu'il avait acquises sur l'héritage, en recouvrant ce qu'il avait déboursé, et dans Brillon (3) un autre qui permet au tiers détenteur poursuivi en déclaration d'hypothèque d'offrir au cessionnaire le remboursement du prix de la cession. Assurément ces espèces n'offrent rien de litigieux (4).

Il n'est pas étonnant que les deux lois, introduites par l'in-

(1) Despeisses, qui emprunte cet arrêt à Louet, v° *Cession de droits litigieux*, insiste sur ce qu'il n'est pas question, dans l'espèce, d'un droit litigieux.

(2) *Loc. cit.*, n° 46.

(3) *Loc. cit.*, n° 16.

(4) Cf. Maynard, *loc. cit.*, nos 6 et 7. — Il rapporte un arrêt rendu dans le même sens un an avant la rédaction de son ouvrage. Il mourut en 1607. Cet arrêt doit être de la fin du XVIe siècle ou du commencement du XVIIe.

fluence de la science, aient été d'abord acceptées dans toute leur étendue. Mais la pratique, qui n'avait pas eu de part à leur introduction, chercha dès le premier moment et parvint à les restreindre. Dumoulin décidait qu'elles n'étaient faites que pour les transports des actions *litigiosæ vel dubiæ*, non pour la cession d'une rente qui n'était pas contestée (1). Dès 1566, le parlement de Paris jugeait de même, sauf à se contredire quelques jours après, hésitant entre la fidélité due à la science et la nécessité imposée par la pratique. L'arrêt qui fixa la jurisprudence dans le sens restrictif fut rendu en la chambre de l'édit, le 9 mars 1605. Il déclara que les lois ne s'appliquaient pas au cas où une dette était vendue même *minori pretio*, étant claire et liquide (2). L'arrêt avait d'autant plus de force que l'espèce était moins favorable; il s'agissait d'une cession de lods et de ventes à devoir par suite d'une vente et adjudication non encore faite; or l'immixtion d'un étranger devait empêcher « la grâce et courtoisie de la remise de partie de droits seigneuriaux que les seigneurs tant laïcs qu'ecclésiastiques, même les communautés, font communément et qui est tournée en droit ordinaire (3). » Cette raison avait été assez puissante sur Dumoulin pour lui faire admettre la loi *per diversas* dans un cas identique (4), mais la pratique formée par ses principes les avait dépassés.

52.—La doctrine adopta sans difficulté cette jurisprudence. « Si un créancier, dit Brodeau (5), vend ou transporte une rente ou autre dette certaine, claire et liquide et non litigieuse ou une chose non contestée, mais qui n'est pas liquide ou liquidée, bien que le transport soit fait *minori pretio*, le débiteur n'est point recevable à offrir le remboursement et à demander la subrogation; c'est un commerce de dettes, licite et non prohibé par les lois et ordonnances, ni par l'usage; autrement il faudrait abroger et anéantir toutes les lois mises sous ce titre *De hereditate vel actione vendita*, et détruire toutes les cessions et transports, parce que très-sou-

(1) *Tract. contr. usur., loc. cit.*

(2) Brillon, *loc. cit.*, n° 16. — Louet, *loc. cit.*

(3) Brodeau sur Louet, *loc. cit.* Il cite un arrêt analogue de 1632.

(4) Sur la coutume de Paris, *loc. cit.*

(5) Sur Louet, *loc. cit.*

vent une dette ne se vend ou ne se transporte pas pour son juste prix, bien qu'elle soit certaine, constante, claire et liquide, le créancier ayant besoin d'argent présentement et le débiteur étant de difficile convention. » Nous avons cité ce passage en entier, parce qu'il fait la doctrine dans l'ancien droit comme l'arrêt de 1605 y fait la jurisprudence : la plupart des auteurs s'y reportent et en reproduisent les termes ou les idées (1). Nous arrivons enfin à Pothier, qui considère les lois d'Anastase et de Justinien comme faites uniquement pour les cessions de droits litigieux, ne parle que de ces cessions et n'indique même pas de doute (2).

53. — La jurisprudence du parlement de Paris fixe le droit commun des pays de coutumes. Cependant, selon Brodeau (3), « il y a quelques coutumes en Flandre qui reçoivent favorablement le débiteur à rembourser le cessionnaire de ce qu'il a déboursé actuellement pour le prix du transport de la dette, quoique certaine et non litigieuse. » Le jurisconsulte cite la coutume d'Alost (4).

54. — La jurisprudence des quatre parlements méridionaux n'était pas uniforme. Toulouse et Grenoble suivaient les deux lois sans restriction, nous l'avons dit. Mais les parlements de Bordeaux (5) et de Provence (6) les appliquaient

(1) Du Rousseaud de la Combe, *Recueil de jurisprudence*, *loc. cit.*, et sur Despeisses, *loc. cit.* — Henrys, *loc. cit.*, n° 2. — Bretonnier s'incline devant la jurisprudence, mais à regret ; il fait observer que les cas sont rares où les dettes sont claires et certaines, et il montre le désir d'arrêter le commerce des actions (sur Henrys, *loc. cit.*).

(2) *Loc. cit.*, n° 584.

(3) Sur Louet, *loc. cit.*

(4) « *Item*, lorsque quelques rentes ou autres dettes sont transportées en main tierce, les débiteurs et leurs cautions peuvent en avoir la préférence pour le prix qu'elles sont vendues, et cela dans les six semaines après l'insinuation, en payant tout le cours des deniers qui courent à intérêt jusques au jour du paiement du prix de ladite vente. » Rubr. XII, art. 36. — Sur l'application des deux lois dans les Pays-Bas, voy. Merlin, *Questions de droit*, v° *Droits litigieux*, n° 1.

(5) Lapeyrère, lettre C, n° 2. — Bretonnier, *Questions de droit*, *loc. cit.* — Brillon, *loc. cit.* — Henrys, *loc. cit.* Nouv. obs. de Terrasson.

(6) Bretonnier, *loc. cit.* — Terrasson, *loc. cit.* — Brillon, *loc. cit.* — Brodeau sur Louet, v° *Cession de droits litigieux*.

seulement aux cessions de droits litigieux, non aux transports de dettes claires et liquides.

55. — Nous avons parlé de cessions de droits litigieux. Les lois *per diversas* et *ab Anastasio* avaient été faites pour empêcher les cessions de créances. Pour les appliquer, on exigea que les droits cédés fussent litigieux, mais on cessa de demander que l'objet cédé fût un droit de créance. L'arrêt de 1578, reproduit par Chenu, est rendu à propos du transport « des actions et droits tant pour raison de la terre et seigneurie de Ligemme qu'autres portées par le contrat du... » L'arrêt rendu une année avant celle où écrivait Maynard statuait sur la cession de « certaines parts et portions de quelques seigneuries et terres. » Un arrêt de 1615 applique les lois à celle d'un héritage litigieux (1). La vente des droits réels, dès qu'ils sont litigieux, donne lieu à cette application.

En 1685, Ferrière dit : « Les lois susdites n'ont point lieu en matière de cession de rentes ou droits immobiliaires... parce que ces lois doivent être prises suivant leurs termes, et pour les simples dettes mobiliaires, et non pour les rentes, lesquelles sont immeubles, desquelles il est permis de négocier, pourvu qu'elles ne soient point litigieuses et qu'il n'apparaisse point qu'elles ont été achetées pour vexer le débiteur. » « Cependant, ajoute-t-il, il semble que celui sur lequel la cession serait faite devrait être reçu à rembourser le cessionnaire, pour se libérer d'un procès ; car le cédant n'y a plus d'intérêt, et ce cessionnaire ne peut pas se plaindre, puisqu'il est remboursé du prix de la cession, *non versatur in damno*, et la cause de celui qui veut se libérer d'un procès est favorable ; et pour moi j'estimerois qu'il seroit recevable au remboursement (2). » C'est une simple opinion qu'émet Ferrière, encore les rentes sont-elles les seuls droits immobiliers auxquels il l'applique.

(1) Brodeau, *eod.*, et v° *Cession d'actions de droits litigieux*, n° 1 *a* et *b*. — Brillon, *loc. cit.*, cite trois arrêts décidant que les lois ont lieu *in immobilibus*, et un arrêt contraire de 1604. — Cf. Le Prestre, *loc. cit.*, n°s 46 et 48. — Du Rousseaud de la Combe, v° *Transport*, n° 8. — Merlin, *Questions de droit*, v° *Droits successifs*. — Lamoignon, cité par M. Troplong : *De la vente*, n° 986.

(2) *Loc. cit.*, n° 79. — De même, 2° éd. sur l'art. 108, § 3, n° 15.

Il faut observer que Pothier suppose toujours un transport de créance. Il est vrai qu'il intitule son article : « De la vente des créances et *autres droits litigieux,* » et reproduit souvent cette expression générale. Mais cet article est placé dans le chapitre IV de la 6e partie, intitulé : « De la vente des rentes et autres créances. » Il se sert toujours de ce mot précis : *le débiteur* (1). Peut-être sont-ce les rentes qu'il faut entendre par ce mot : *autres droits.* Le jurisconsulte ne nous le dit pas. En tout cas, l'usage qu'il fait du mot *débiteur* permet-il de penser qu'il applique les lois aux cessions d'héritages litigieux? Peut-être y avait-il eu sur ce point un changement de jurisprudence, tout au moins un adoucissement insensible de doctrine. On peut s'expliquer ainsi que Guy Coquille dise : « Si la cession est de chose litigieuse, et n'y ait autre vice concurrent, on ne déclare pas en France la cession nulle; ains on se contente d'obtenir en chancellerie lettres de subrogation avec dispense du vice de litige (2). » L'inévitable formalité des lettres-royaux corrigeait le vice, ne fût-ce que dans l'intérêt du fisc. Du Rousseaud de la Combe déclare que, en général, toute chose litigieuse peut être vendue (3).

36. — L'ancienne jurisprudence s'était montrée moins sévère que le droit romain à l'égard des acquéreurs de créances, sans doute parce qu'elle ne s'était pas trouvée en présence du même abus et du même danger. Le commerce des actions était regardé comme licite et utile par la plupart des auteurs; ils n'avaient pas été les témoins de spéculations semblables à celles qui avaient excité tant de plaintes sous le règne d'Anastase. D'ailleurs le besoin de l'analogie domine l'esprit humain : c'était l'achat de droits litigieux que des actes récents interdisaient aux magistrats et aux hommes de loi; l'interprétation des constitutions impériales se donna les mêmes limites que s'étaient assignées les ordonnances royales.

D'autre part, la jurisprudence française avait aggravé la rigueur du droit romain en étendant ces deux lois à la cession de tous droits litigieux, quelle qu'en fût la nature. Nous

(1) *Loc. cit.*

(2) Sur la Cout. de Nivernais, ch. XXXII, art. 1.

(3) *Répertoire, loc. cit.*, n° 12.

comprenons les causes de cette extension. Ce n'était point contre un acquéreur de créances que la jurisprudence se tenait en garde, c'était contre un acquéreur de droits litigieux ; le caractère litigieux des droits cédés la préoccupait uniquement; pourquoi distinguer selon la nature de ces droits ? Les ordonnances de 1521 et de 1560 n'avaient pas fait de distinction. La transition était ménagée entre les droits de créance et les droits réels par la position faite aux rentes. Enfin la jurisprudence subit, nous verrons pourquoi, l'influence de cette théorie des retraits, si considérable dans notre ancien droit.

57. — La prohibition s'applique-t-elle au possesseur d'héritage ou d'objet litigieux ? Nous n'avons pas trouvé de texte où la question fût nettement posée et résolue. Peut-être les jurisconsultes n'y avaient-ils pas songé et l'eussent-ils regardée comme inutile. C'est le transport des *droits et actions* qui est interdit. Le mot *actions* a toujours sa place aussi bien dans les arrêts que chez les auteurs et il sert à préciser le sens du mot *droits*. C'est le demandeur, non le possesseur qui doit agir. Il ne faut pas oublier que l'origine de la jurisprudence est dans une loi exclusivement relative aux cessions de créances ; de telles cessions ne peuvent être faites que par le demandeur éventuel ou actuel. La loi étendue s'appliqua à la même position dans un procès né ou à naître, d'une différente nature. Aussi ne voit-on jamais les anciens jurisconsultes renvoyer, pour l'intelligence ou la justification de leurs doctrines, au titre *De alienatione judicii mutandi causa*, qui défend l'aliénation au possesseur (1). Quand Coquille et du Rousseaud de la Combe déclarent que les choses litigieuses peuvent être vendues, il est permis de douter que leur décision s'applique au demandeur qui les revendique ; n'est-il pas certain qu'elle peut être invoquée par le défendeur qui les possède ?

58. — On se demandait quels droits devaient être regardés comme litigieux.

L'annotateur de Lapeyrère, reproduisant une distinction faite par les commentateurs du droit romain, disait : « Le

(1) Merlin, *Questions de droit*, v° *Droits successifs*, oppose les cessionnaires d'actions réelles aux cessionnaires d'actions personnelles.

litige se forme en action personnelle *post litis contestationem*, et en action réelle *post libelli oblationem* (1). » La contestation en cause est, suivant la définition du nouveau Denisart (2), « un contrat judiciaire qui résulte d'un certain état de la procédure après lequel les parties sont censées avoir consenti d'être jugées sur tel différend par tel juge. » Trois choses concourent pour former la contestation en cause en matière civile : 1° la demande de celui qui attaque ; 2° la réponse du défendeur ou le refus fait par lui de répondre ; 3° la prononciation d'un jugement, pourvu qu'il ne soit pas définitif.

Ferrière admet la même doctrine et la même distinction que l'annotateur de Lapeyrère (3).

Guéret rappelle que le Code exigeait la contestation, que l'Authentique *Litigiosa* se contentait de la demande intentée. Après avoir rapporté la controverse élevée entre les docteurs sur la question si l'authentique devait être restreinte aux actions réelles ou étendue à toutes les actions, il conclut ainsi : « Quoi qu'il en soit, il est certain que, dans une matière odieuse semblable à celle des transports, on doit suivre l'Authentique *Litigiosa*. » Du reste il ajoute que, la chose cédée ne fût-elle pas litigieuse, si le transport était fait *animo vexandi*, il tomberait sous le coup des lois et ordonnances (4).

Cette doctrine est exprimée dans les termes les plus généraux, quoique à propos d'un cas particulier, celui de la cession faite à des personnes plus puissantes. Du Rousseaud de la Combe l'adopte, en l'appliquant aux lois *Per diversas* et *ab Anastasio*, comme à toutes les dispositions qui s'occupent de la cession de droits litigieux (5).

Pothier se montre plus large encore : « On appelle, dit-il (6), *créances litigieuses* celles qui sont contestées *ou peu-*

(1) Sur Lapeyrère, *loc. cit.*, à propos des cessions faites à des personnes plus puissantes ou privilégiées.

(2) V° *Contestation en cause*.

(3) *Loc. cit.*, n° 69.

(4) Sur Le Prestre, *loc. cit.*

(5) Sur Despeisses, *loc. cit.* — Cf. *Répertoire*, *loc. cit.*, n° 13.

(6) *Loc. cit.*, n° 584. — Un arrêt de cassation du 19 août 1806, appliquant la jurisprudence antérieure au Code, est ainsi conçu : « Il faut que le

vent l'être en total ou en partie, par celui qu'on en prétend le débiteur, soit que le procès soit déjà commencé, soit qu'il ne le soit pas encore, *mais qu'il y ait lieu de l'appréhender.* »

Selon Salviat (1), il y aurait eu dissentiment sur la définition des droits litigieux entre les parlements de Paris et de Toulouse, d'une part, le parlement de Bordeaux, d'autre part. Les deux premiers réputaient litigieuse toute dette, quelque claire et certaine qu'elle fût, dès qu'elle avait donné lieu à un litige, si mal fondé qu'il fût. Le troisième, au contraire, aurait prohibé le commerce des droits déférés à la justice, en exceptant les droits connus et liquidés, sur lesquels un procès était commencé. Salviat appuie sur du Rousseaud de la Combe (2) et sur Vedel (3) le système qu'il attribue aux parlements de Paris et de Toulouse, sur l'annotateur de Lapeyrère (4), celui du parlement de Bordeaux. Mais on ne trouve point dans les auteurs auxquels renvoie Salviat une antithèse si nettement indiquée. Si du Rousseaud de la Combe enseigne que la seule demande judiciaire rend la chose litigieuse, en invoquant un arrêt de 1662, il ne songe pas à opposer les droits sur lesquels il y a une contestation soulevée, fussent-ils clairs et liquides, aux droits d'une existence et d'une étendue incertaines, qui n'ont pas encore donné lieu à contestation; c'est la décision de l'Authentique *De litigiosis* qu'il cite, en renvoyant lui-même à Guéret; l'opposition qui résulte de l'Authentique et que fait ressortir Guéret est établie entre la demande judiciaire et la contestation en cause. Quant à l'annotateur de Lapeyrère, nous avons précédemment cité un autre passage de lui, qui a un tout autre sens, et qui est vraiment relatif à la définition des droits litigieux. A la note citée par Salviat, il ne s'agit que de savoir si la loi *Per diversas* doit être appliquée à toute cession de créance, même de droits certains et liquides; dans l'espèce à propos de laquelle

litige ait précédé l'acquisition ou que le droit acquis soit litigieux de sa nature par les circonstances de la cause et par les questions qu'elle présente. » (Merlin, *Répert.*, v° *Droits litigieux*, § 2, n° 1).

(1) *Jurisprudence du parlement de Bordeaux*, v° *Cession d'actions*, n° 1.

(2) *Loc. cit.*, v° *Transport*, n° 13.

(3) Annotateur de Catelan, liv. V, ch. LXXI.

(4) P. 38, col. 2, note.

est écrite cette note, la créance cédée, claire et certaine en elle-même, n'avait donné lieu à aucun litige. Or on sait que le parlement de Bordeaux avait adopté la même jurisprudence que le parlement de Paris sur l'étendue des dispositions prises par Anastase, les avait restreintes à la cession d'actions litigieuses. Quant au parlement de Toulouse, il n'avait pas besoin de donner une définition des droits litigieux, puisqu'il n'exigeait point que les créances cédées fussent litigieuses, pour appliquer la loi *Per diversas*. Le passage de Salviat ne mérite aucune confiance et ne représente nullement l'état vrai de notre ancien droit.

59. — Les lois ne furent pas seulement étendues aux cessions de droits réels litigieux. Elles reçurent une extension plus singulière encore, quand elles furent appliquées aux cessions de droits successifs.

Telle est l'origine de l'art. 841, C. Nap. Les droits successifs sont assimilés par la jurisprudence et par la doctrine aux droits litigieux; ils y sont comme naturellement compris, n'eussent-ils rien de litigieux.

A la suite de cette décision, les auteurs placent la question suivante : un cohéritier, se rendant acquéreur d'une créance litigieuse ou de droits litigieux contre la succession, peut-il être contraint « d'en faire rapport à la masse? » Les cohéritiers peuvent-ils prendre leur part de son marché? Cette question avait fait difficulté. Les arrêts et les auteurs y répondaient affirmativement. Ce n'étaient plus seulement les deux lois qu'ils invoquaient, mais encore la loi 89, § 4, ff. *De legatis* 2°, et ils représentaient que les cohéritiers doivent se tenir compte les uns aux autres des avantages procurés à chacun par la succession (1).

Du Rousseaud de la Combe allait plus loin. Il donnait la même faculté aux cohéritiers, quand le droit que l'un d'entre eux s'était fait céder n'était pas litigieux (2).

60. — Enfin le tuteur, acquérant une créance contre le mineur, était soumis à la loi *Per diversas*. Cette sanction

(1) Le Prestre, *loc. cit.*, n° 48. — Bretonnier sur Henrys, n° 6.

(2) Nouv. rem. sur Louet, v° *Cession d'actions*. — Cf. Lebrun, *Traité des success.*, liv. IV, ch. II, sect. 3, n°s 65 et 68. — et Merlin, *Questions*, *loc. cit.* — Ferrière, *loc. cit.*, n° 71.

avait été jugée nécessaire, parce qu'on ne suivait pas en France la nov. 72, ch. 2, ou plutôt ch. 5, qui déclarait le curateur déchu de la créance qu'il avait acquise contre le mineur, déchéance dont celui-ci profitait (1).

61. — L'application des deux lois, déterminée par ce que nous venons de dire sous les neuf numéros précédents, n'était possible que si la cession était à titre onéreux (2). Les cessions à titre gratuit en étaient dispensées. Mais la loi *ab Anastasio* ne permettait pas d'accorder la même faveur aux actes faits en partie à titre gratuit, en partie à titre onéreux. Elle prescrivit également de traiter comme un acte à titre onéreux celui qui avait les apparences d'une donation, quand un prix avait été payé secrètement (3).

Pour les exceptions admises par Anastase, Despeisses décide qu'elles doivent être rejetées, conformément à la loi *ult. C. Mandati* (4). Henrys présente ainsi une de ses questions : « La dette cédée étant litigieuse, le cédataire ne peut prétendre plus que le prix du transport, bien qu'il fût créancier de son cédant et qu'il n'ait recherché le transport que pour s'aider à payer (5). » C'était un des cas exceptés. Ce respect pour une loi qui ne figurait pas au Code, qui n'y fut introduite que par Cujas et sur une traduction, suffirait pour établir que les deux lois *Per diversas* et *ab Anastasio* durent toute leur application à une influence exclusivement scientifique.

La pratique se mit en opposition avec la science. Du Rousseaud de la Combe admet une exception générale pour le cas où la cession est légitime. « Dans ces sortes de contestations, dit-il (6), il faut examiner *quo animo* la cession a été faite, car il y a des rencontres où elle peut être légitime. » Il cite les cessions faites en vertu d'un testament, d'un codicille, d'une transaction, d'un partage, celle qu'un créancier hy-

(1) Du Rousseaud de la Combe, *Rép.*, *loc. cit.*, n° 11, citant deux arrêts, l'un de 1595, l'autre de 1624.

(2) Pothier, *loc. cit.*, n° 592. — Bretonnier, *Quest.*, *loc. cit.*

(3) Pothier, n° 593.

(4) *Loc. cit.*

(5) *Loc. cit.*, quest. 7.

(6) Sur Despeisses, *loc. cit.*

pothécaire se fait faire d'une créance hypothécaire antérieure à la sienne, pour conserver celle-ci. Les lois n'étaient pas opposables à la personne qui avait acquis *rem sibi necessariam* (1).

Aussi Pothier ne s'écarte-t-il pas beaucoup de l'opinion des autres jurisconsultes en réclamant contre la loi *ult.* C. *Mandati.* Il rappelle qu'Anastase avait indiqué quatre exceptions : 1° cession faite à un cohéritier ou à un *copropriétaire* (2) d'un droit litigieux commun entre eux ; 2° dation en paiement faite à un créancier d'une créance litigieuse « ou autre droit litigieux que son débiteur a contre un tiers ; » 3° transport au légataire d'un droit litigieux appartenant à la succession, en paiement de son legs ; 4° transport au possesseur d'un héritage « de quelque droit litigieux dans cet héritage, qui lui est nécessaire pour s'en assurer une libre jouissance (3). » Pothier démontre comment, dans ces hypothèses, la cession a une juste cause (4), mais il reconnaît que la juste cause ferait défaut dans la deuxième, si le créancier pouvait se faire payer autrement, et, dans la quatrième, si le possesseur de l'héritage avait un bon garant qu'il pût assigner.

Il ajoute deux exceptions, pour le cas où la cession est accessoire à une autre vente, par exemple, si une terre est vendue avec les créances contre les fermiers et que l'une de ces créances soit litigieuse, et pour celui où le droit a été vendu en justice.

Une exception assez étonnante était proposée par Ferrière : « savoir, lorsque la dette ou la chose litigieuse n'est pas liquide, certaine, ou bien assurée, car en ce cas, quoique la cession ou transport soit fait *minori pretio*, néanmoins le débiteur n'est pas recevable à offrir le remboursement, au-

(1) Brodeau sur Louet, v° *Cession de droits litigieux.* — Bretonnier, *loco cit.*, n° 61.

(2) On sait qu'il n'est pas question de copropriétaire dans la loi *Per diversas.* — Cf. Merlin, *Questions*, *loc. cit.*

(3) *Loc. cit.*, n° 594-596.

(4) Sauf dans la troisième, sans doute parce que la démonstration lui a paru inutile : nous verrons plus loin quelle a été la conséquence de son omission.

trement il faudrait dire qu'il ne serait pas permis de faire cession et transport des dettes et actions, ce qui toutefois est permis par plusieurs lois au titre *De hered. vel act. vend.* (1). » Cette exception semble n'avoir été ni consacrée par les arrêts ni adoptée par les auteurs.

62. — La sanction de la prohibition n'est pas la nullité du transport; le cédant ne peut invoquer les deux lois (2), elles sont faites pour le débiteur, et, en termes plus généraux, pour celui contre lequel le droit cédé doit être exercé.

La caution en peut réclamer le bénéfice comme le débiteur principal (3).

63. — A quelles conditions le bénéfice des deux lois est-il subordonné?

Il peut être demandé, quelle que soit la qualité de l'acheteur, que la cession soit faite pour de l'argent ou pour une autre valeur, que le débiteur soit poursuivi sous le nom du cessionnaire ou du cédant (3).

Le moment où il doit être demandé n'est pas exactement déterminé. Louet (5) rapporte un arrêt rendu par le parlement de Provence en 1617 et appointant la question si le débiteur cédé doit invoquer les deux lois avant ou après la contestation en cause. Il ne dit pas en quel sens elle fut tranchée. Le même parlement jugea deux fois, en 1663 et en 1666, que le cédé y était recevable après la contestation en cause, mais quand la cession était frauduleuse (6). D'après Pothier, le bénéfice doit lui être accordé, « même après que la cause sur la demande du cessionnaire a été contestée, » sauf s'il y a eu une longue instruction, si le cessionnaire a levé tous les doutes et mis la chose en état d'être jugée, les

(1) *Loc. cit.*, n° 70. — Cf. 2e éd. 1714, sur l'art. 108, § 2, n° 6.

(2) Despeisses, *loc. cit.*, citant un arrêt contraire de la cour des Aides, de Montpellier.

(3) Du Rousseaud de la Combe, *loc. cit.*, n° 9. — Henrys, *loc. cit.*, question 7.

(4) Pothier, *loc. cit.*, n° 597.

(5) V° *Cession d'actions*, n° 6.

(6) Brodeau sur Louet, v° *Cession de droits*, n° 7. — Le parlement de Savoie demandait que le vice de litige fût opposé avant la *litiscontestatio* (Faber, *Cod.*, liv. IV, tit. XXVI, def. X).

choses n'étant plus entières. Les deux lois, faites pour prévenir le procès, ne peuvent plus avoir d'application quand il a été soutenu, « surtout si le jugement qui devait intervenir était un jugement en dernier ressort, qui dût mettre entièrement fin au procès (1). »

Les jurisconsultes ne paraissent pas avoir hésité sur la question de preuve. Ils semblent la trancher ainsi : quand le débiteur prétendra que l'acte de cession représenté comme étant à titre gratuit est réellement à titre onéreux, il devra prouver sa prétention ; s'il est reconnu que l'acte est à titre onéreux, le cessionnaire établira le montant et le paiement du prix ; s'il allègue qu'il se trouve dans un des cas exceptés, la preuve sera naturellement à sa charge.

La question de preuve étant réglée, le cédé a besoin de lettres de subrogation. Charondas, parlant d'une vente de droits successifs, dit : « Sera ledit cohéritier en obtenant lettres royaux à cette fin reçu à entrer au droit dudit cessionnaire en remboursant le prix de la cession avec les frais et loyaux coûts (2). » Le Prestre signale aussi ces lettres de subrogation, où est insérée la clause *nonobstant le vice de litige*, parce qu'il est défendu d'acheter une chose litigieuse et que, à la rigueur, la défense tombe sur le cédé comme sur le cessionnaire (3). Du Rousseaud de la Combe dit que, de son temps, les lettres royaux ne sont plus exigés (4). Pothier n'en parle plus.

Le cédé doit rembourser, en premier lieu, le prix de la cession. Despeisses, fidèle au texte des lois romaines, ne met à sa charge que le prix réellement payé ; il rapporte un arrêt du parlement de Dijon permettant au cédé, qui veut savoir si le cessionnaire a entièrement payé son prix, de le faire interroger sur ce point (5). Brillon veut que le cessionnaire affirme avoir payé effectivement (6).

Au contraire, selon Pothier, toujours plus favorable au

(1) *Loc. cit.*
(2) Pandectes, *loc. cit.*
(3) *Loc. cit.*, n° 49.
(4) Sur Despeisses, *loc. cit.*
(5) *Loc. cit.*
(6) *Loc. cit.*

cessionnaire, le débiteur, astreint à rembourser la somme payée par le cessionnaire, doit en outre « lui apporter acquit ou décharge de celle qu'il se seroit obligé de payer et qu'il n'auroit pas encore payée (1). »

Il faut ajouter au remboursement de la somme payée celui des intérêts qu'elle aurait produits, mais seulement depuis la signification du transport, les frais et loyaux coûts du transport, les frais faits par le cessionnaire pour la signification du transport et pour la demande (2).

Au moment où le cédé invoque le bénéfice des lois, il n'a pu encore accomplir ce remboursement ; il suffit qu'il en fasse l'offre (3). Mais il n'est nullement nécessaire que ce soit une offre réelle et à deniers découverts (4).

67. — Nous n'avons plus qu'à rechercher quel est le caractère du bénéfice accordé au cédé.

Ce bénéfice, nous l'appelons aujourd'hui le retrait litigieux. Ce nom ne se trouve pas dans le Code Napoléon. Le trouve-t-on dans l'ancien droit?

L'ancien droit reconnaît trois grandes espèces de retrait, conventionnel, lignager, seigneurial ou féodal (5). Ferrière y ajoute le retrait de my-denier (6), Bretonnier le retrait censuel (7). Le droit coutumier offre un nombre considérable d'autres retraits. Quant au retrait litigieux, il n'en est pas question, au moins sous ce nom et à propos des retraits.

L'idée d'un retrait n'aurait pu se concevoir chez les Ro-

(1) *Loc. cit.*, n° 593. Pothier applique ici une règle faite pour le retrait lignager.

(2) Pothier, *eod.* — L'importance qu'il attache à la signification du transport montre qu'il ne songe pas à l'application des deux lois à tous les droits litigieux, même réels. Selon le nouveau Denisart (v° *Cession de droits litigieux*, § 2, n° 5), l'obligation de payer les intérêts au cessionnaire « pourrait souffrir difficulté parmi nous, où il n'y a aucune loi qui fasse courir les intérêts de plein droit dans ce cas, et il serait prudent que le cessionnaire formât sa demande. »

(3) Charondas, *Resp.*, *loc. cit.* — Chenu, *loc. cit.*, arrêt de 1578. — Brillon, *loc. cit.*, etc.

(4) Merlin, *Questions*, *loc. cit.* — Salviat, *loc. cit.*

(5) Charondas, *Pand.*, liv. II, ch. 23. — Pothier, *Traité des retraits*, n° 1.

(6) *Nouv. introd. à la pratique*, v° *Retraits*.

(7) V° *Retraits*.

mains. Elle eût été complétement inutile dans la constitution d'Anastase, faite pour les cessions d'actions contre des débiteurs. L'empereur réduisait la créance cédée et l'action au prix pour lequel la cession avait été faite.

La disposition de la loi *Per diversas* se restreignit aux droits litigieux, mais s'étendit aux droits de toute nature. La sanction imaginée par Anastase devenait inapplicable à un grand nombre de cas. Mais réduire la créance et l'action du cessionnaire au prix de la cession, était-ce autre chose que substituer le débiteur au cessionnaire, en désintéressant celui-ci? Cette substitution s'opérait tout naturellement dans le cas où la cession avait eu des droits réels litigieux pour objets; il était même nécessaire de la supposer pour la cession de certains droits personnels, tels que les rentes constituées. Elle fut exprimée par le mot *subrogation* qu'emploient (1) tous nos anciens auteurs, qui figure dans les *lettres de subrogation* et qui, du reste, convient assez mal, au moins au cas de vente d'une créance; peut-on dire qu'un débiteur est subrogé contre lui-même?

Nous trouvons d'autres expressions qui nous rapprochent davantage des retraits: Charondas parle des lois *Per diversas* et *ab Anastasio*, « par lesquelles est permis à un débiteur, duquel la dette a été cédée et transportée par le créancier à un autre, de *la retirer et racheter*. » C'est un anachronisme qu'une telle interprétation. Plus bas il s'exprime ainsi: « Sera tenu... ledit cessionnaire à lui *rétrocéder* et *transporter* les droits et actions qu'il pouvoit prétendre en vertu dudit transport (2). » Ce sont les expressions mêmes de l'arrêt de 1578, textuellement rapporté par Chenu.

Pothier enfin n'hésite pas à prononcer le mot de *retrait*: « Le droit qui est accordé par ces lois au débiteur de la dette litigieuse cédée à un tiers est une *espèce de droit de retrait* de la dette litigieuse qui lui est accordé sur le cessionnaire. Le débiteur, en remboursant le cessionnaire, est admis à prendre son marché. L'achat que le cessionnaire avoit fait de la dette litigieuse est détruit en la personne de ce cession-

(1) Despeisses, *loc. cit.* — Du Rousseaud de la Combe, *Rép.*, n 8. — Brodeau, *loc. cit.* — Bretonnier sur Henrys, *loc. cit.*

(2) *Pand.*, liv. II, ch. XXIX.

naire et passe en celle du débiteur, qui est censé avoir lui-même racheté sa dette du créancier et en avoir transigé avec lui pour la somme portée en la cession (1). » Rapprochons de ce passage la définition que Pothier lui-même a donnée du droit de retrait dans un autre ouvrage : « Le droit de retrait n'est autre chose que le droit de prendre le marché d'un autre et de se rendre acheteur à sa place. Il ne tend pas à rescinder et détruire le contrat, mais à subroger en tous les droits résultants du contrat la personne du retrayant à celle de l'acheteur sur qui le retrait est exercé (2). » L'analogie est complète ; aussi trouvons-nous dans le *Traité du contrat de Vente* des phrases telles que celle-ci : « C'est un principe commun à toutes les espèces de retrait, que le retrayant doit indemniser celui sur qui le retrait s'exerce, » s'appliquant au droit du débiteur cédé. Cependant Pothier n'ose point comprendre, parmi les retraits, dans le traité où il s'en occupe spécialement, ce retrait innomé, quoique pratiqué avant lui (3).

Sans doute l'extension des lois *Per diversas* et *ab Anastasio* aux droits litigieux autres que les droits de créance fut rendue facile et parut naturelle, parce que la jurisprudence et les auteurs y virent ou en tirent sortir une subrogation, une rétrocession, un retrait. Ce retrait nouveau devait s'appliquer aux mêmes objets que les autres.

68. — Après avoir recueilli dans l'ancien droit les règles qui viennent d'être exposées, on est étonné de trouver chez les auteurs de la fin du dix-huitième siècle l'affirmation que les lois ne sont plus suivies dans le royaume : « Le parlement de Paris, dit Bretonnier, suivoit autrefois la disposition de ces lois, suivant les arrêts rapportés par M. Louet, C. n. 5 et 13, et par M. Le Prestre, cent. I, ch. 93 ; mais à présent il juge le contraire, suivant les arrêts remarqués par Brodeau, lettre C. n. 13 (4). » L'annotateur, Boucher d'Argis, ajoute, en 1769,

(1) *Loc. cit.*, n° 598.

(2) *Traité des retraits*, n° 1.

(3) Le *Nouveau Denisart* se sert aussi du mot *retrait* : v° *Cession de droits litigieux*, § 2 : *Du retrait que peut exercer le débiteur du droit cédé.*

(4) Il n'y a pas de contradiction entre les arrêts cités par Louet et ceux que cite Brodeau. Seulement le second fait ce qu'omet le premier ; il insiste

que, selon certains auteurs, les deux lois ne sont plus admises au parlement de Paris, mais qu'il y a encore plusieurs cas où ce parlement condamne à rendre au cessionnaire seulement le prix de son transport, celui où un étranger se rend cessionnaire de droits successifs, celui où le tuteur acquiert un droit contre son mineur. L'édition donnée en 1771 du Dictionnaire de Ferrière porte : « Ces lois ne sont point aujourd'hui observées dans ce royaume, et, à l'exception des parlements de Toulouse et de Grenoble, l'on juge que la cession doit avoir son effet et que le cessionnaire peut exiger du débiteur la totalité (1). »

Malgré ces témoignages explicites, il est difficile d'ajouter foi à une telle abrogation, à un tel changement de jurisprudence. Ils sont contredits par des témoins aussi modernes et plus considérables, non-seulement par Pothier, mais encore par du Rousseaud de la Combe, par Terrasson (2). Faut-il supposer que Bretonnier, Boucher d'Argis, le Dictionnaire de Ferrière parlent des deux lois, entendues dans leur sens large et vrai, comme applicables à toute cession de créances ? Cette interprétation serait peu vraisemblable. Il vaut mieux croire que l'application des deux lois, entendues comme elles l'avaient été depuis longtemps au parlement de Paris, devenait de plus en plus rare et de moins en moins sévère.

Leur sort fut singulièrement variable dans notre ancien droit. On commença par les rejeter absolument. Vers le milieu du seizième siècle, elles se firent admettre, grâce au respect du temps pour le droit romain. L'application générale qu'elles reçurent probablement alors fut bientôt contestée ; il n'y eut que deux parlements qui les maintinrent dans leur intégrité. Le reste de la France fit de lois imaginées dans l'intérêt des débiteurs une protection pour les seuls plaideurs, mais pour tous, quelle que fût la nature des droits contestés. A la déchéance partielle d'une créance succéda le retrait litigieux. La protection fut étendue à la

fortement sur cette circonstance exigée par le parlement de Paris, que les droits cédés doivent être litigieux.

(1) Cf. Denisart, v° *Droits litigieux*, n° 4.

(2) Le Répertoire de du Rousseaud de la Combe est de 1769. L'édition de Henrys, augmentée des observations de Terrasson, est de 1771.

famille contre les étrangers qu'une cession de droits successifs aurait introduits dans les opérations du partage, au mineur contre le tuteur qui serait devenu son créancier par l'effet d'une cession. Les lois, ainsi comprises, furent appliquées rigoureusement; comme le droit romain, la jurisprudence limita le droit du cessionnaire au prix réellement payé par lui; de plus elle n'admit pas les exceptions établies par Anastase. Avec le temps l'application se restreignit et perdit de sa rigueur; il semble qu'à la fin du siècle dernier elle se soit réduite aux cessions de droits de créance; il fallut non-seulement rembourser au cessionnaire les sommes payées par lui, mais encore le décharger de celles dont il restait tenu; les exceptions admises furent très-nombreuses. Aussi quelques-uns de nos derniers auteurs purent-ils dire, comme les plus anciens, que les deux lois n'étaient pas observées en France.

CHAP. III. — Code Napoléon.

60. — Dans le droit intermédiaire, l'application des lois *Per diversas* et *ab Anastasio* ne se fit pas sans difficulté. Ce fut le nom, si récemment conquis, de *retrait* qui faillit leur être funeste. L'Assemblée constituante avait aboli les retraits, notamment par les décrets du 13 juin et du 19 juillet 1790. Cette abolition comprenait-elle le retrait litigieux, le retrait successoral, en un mot, ceux qui dérivaient des deux lois? » Le tribunal de cassation répondit négativement, le 8 frimaire an XII : « Attendu que l'action résultante des lois *Per diversas* et *ab Anastasio n'a rien de commun avec celle en retrait* (1). » Le 23 germinal an IX, il avait rejeté un pourvoi fondé sur les deux lois, en les déclarant inapplicables à l'espèce (2), parce que les plaideurs se trouvaient dans un des cas exceptés. La question, s'étant présentée de nouveau et à deux reprises devant la Cour de cassation, en 1828, y reçut la même solution (3). C'était aller loin que d'affirmer qu'il n'y avait rien de commun entre l'action en retrait et l'action résultant de

(1) Merlin, *Questions de droit*, v° *Droits successifs*, § 1.

(2) *Id. eod.*, v° *Droits litigieux*, § 2, n° 1.

(3) Cass. 28 janvier 1828. Req. 20 mars 1828. D. A., v° *Vente*, n° 2013.

la loi *Per diversas*, telle que l'avait comprise l'ancienne jurisprudence. Il est incontestable du moins que cette dernière n'avait pas de quoi effaroucher l'esprit démocratique de la société renouvelée. Le tribunal de cassation sacrifia sans peine un nom compromettant.

70. — Les deux premiers projets de Cambacérès ne parlent point du retrait litigieux; peut-être les législateurs à qui ils étaient présentés en eussent-ils eu quelque méfiance. L'article 856 du troisième projet le rétablit en lui donnant même plus de force; il est ainsi conçu : « Les cessionnaires de droits litigieux ne peuvent exiger du débiteur que le prix de la cession et les intérêts à compter du jour qu'elle a été faite (1). » Il n'est même plus nécessaire que le retrait soit exercé, que la subrogation au marché du cessionnaire soit demandée par celui contre qui le droit est cédé; s'il s'agit d'un droit réel, il subit une transformation, et la prétention à la propriété d'une chose se convertit en une créance de somme d'argent. Cambacérès s'était-il rendu compte du changement qu'il introduisait dans l'application de la loi *Per diversas?* On peut en douter; sans doute il croyait rétablir l'ancienne jurisprudence, en remontant jusqu'à la loi même, en reproduisant le texte d'Anastase, pour se mettre à l'abri derrière le droit romain. Il ne proposait que deux exceptions, l'une en faveur du cohéritier ou copropriétaire, cessionnaire du droit litigieux, l'autre en faveur de celui qui l'avait reçu en paiement d'une créance certaine.

Enfin le Code Napoléon, malgré l'opposition du conseiller d'Etat Lacuée (2), admit expressément le retrait des droits litigieux dans les trois articles que nous allons étudier maintenant. Mais il faut observer que le mot commode de retrait ne se trouve ni dans le Code ni dans les travaux préparatoires. Il y avait encore des méfiances qui imposaient des ménagements, au moins dans la rédaction de la loi. Portalis invoquait le droit romain, en dénaturant le caractère de ses dispositions : « Par les lois romaines, disait-il (3), le débiteur des droits, des actions ou des créances litigieuses cédées à un tiers

(1) Fenet, t. I, p. 294.
(2) Locré, t. XIV, p. 75.
(3) *Exposé des motifs du titre de la vente*, Fenet, t. XIV, p. 149.

avait le droit de *racheter* la cession et de se *subroger* au cessionnaire. »

71. — Nous rechercherons successivement, 1° quels sont les droits dont la cession donne lieu à l'exercice du retrait; 2° dans quels cas le retrait n'est pas permis; 3° de quelle manière s'exerce le retrait; 4° quel est le caractère et quels sont les effets du retrait.

I. — *Quels sont les droits dont la cession donne lieu à l'exercice du retrait?*

72. — « Celui contre lequel on a cédé un droit *litigieux*, » dit l'art. 1699, et l'art. 1700 contient la définition juridique du mot *litigieux* : « La chose est censée litigieuse, dès qu'il y a procès et contestation sur le fond du droit. »

Cette définition est précise : est-elle si rigoureuse qu'il ne soit plus permis de regarder un droit comme litigieux, si les conditions indiquées par l'art. 1700 ne sont pas réunies? Il y a deux manières d'entendre l'article. Les premiers interprètes du Code tendaient à lui donner un sens *démonstratif* (1) ; selon eux, les rédacteurs avaient voulu dire que l'on ne pourrait rechercher si le litige était sérieux, mais n'avaient pas empêché de rechercher si un droit était ou n'était pas litigieux, même en l'absence de tout procès. Depuis longtemps les arrêts et les auteurs (2) entendent l'article dans un sens *limitatif*; selon eux, il faut et il suffit que le procès soit formé pour que le droit soit litigieux.

Pour trancher la controverse, plusieurs jurisconsultes ont rappelé le désaccord de jurisprudence signalé par Salviat entre les parlements de Paris et de Toulouse, d'une part, et le parlement de Bordeaux, d'autre part (3). D'après Salviat, les

(1) Delvincourt, t. III, note 1 sur la p. 82.

(2) M. Duranton, t. XVI, n° 532. M. Troplong, n° 986. M. Duvergier, t. II, n° 359. M. Marcadé sur l'art. 1699, n° 1. M. Dalloz, *Rép. al.*, v° *Vente*, n° 2050. MM. Aubry et Rau, t. III, p. 331, § 359 *quater*, et note 12. M. Doublet, *Etudes sur le retrait litigieux*, *Revue pratique*, t. IX, p. 125.

(3) V. les mêmes auteurs, excepté M. Troplong.

premiers auraient considéré comme nécessaire et suffisant que le litige fût engagé, le troisième aurait demandé que ce litige fût sérieux. C'est la première opinion que les rédacteurs du Code auraient consacrée.

Nous avons dit pourquoi le témoignage de Salviat devait être rejeté ; nous avons montré que cet auteur était réfuté par les passages auxquels il renvoyait lui-même. Il est particulièrement impossible d'admettre que la règle posée par le Code ait été établie avec le sens limitatif par le parlement de Paris. Sans doute Pothier ne croyait pas se mettre en contradiction avec ce parlement, quand il considérait comme litigieuses les créances qui étaient contestées ou pouvaient l'être, et Merlin disait de même : « Quoiqu'il n'y ait ni demande ni contestation formée, s'il paraît que les objets de la cession ne sont ni clairs ni liquides et que ces objets portent plutôt sur des qualités et des prétentions non avérées que sur les titres incontestables, on ne peut douter que ces droits, étant incertains, n'aient été achetés comme droits litigieux (3). » Non-seulement le parlement de Paris n'avait pas adopté d'une manière certaine une jurisprudence d'après laquelle la chose n'aurait été litigieuse que s'il y avait eu litige engagé avant la cession, mais les jurisconsultes ne songeaient pas à la lui attribuer, ce passage de Merlin le prouve.

Cependant l'ancien droit n'était pas unanime. Le dissentiment existait, différent de celui qu'indique Salviat. Nous avons cité un passage de l'annotateur de Lapeyrère, prouvant que le parlement de Bordeaux exigeait la contestation en cause dans les actions personnelles, la seule remise de l'exploit dans les actions réelles. Lamoignon (1) voulait en tout cas que les droits fussent *en litige*. Au contraire, si la jurisprudence de presque toute la France et la plupart des auteurs demandaient la remise de l'exploit, ils appliquaient la loi *Per diversas*, quand la cession d'un droit susceptible de contestation était faite *animo vexandi*.

Il faut observer que cette dernière doctrine, la plus suivie dans l'ancien droit, était propre à faire naître des procès et

(1) *Rép.*, v° *Droits litigieux*, n° 1.
(2) Cité par M. Troplong, *l. c.*

des décisions contradictoires, au moins en apparence, comme toutes celles qui laissent place à une appréciation de faits.

L'art. 1700 fut porté pour mettre un terme aux dissentiments des cours et des auteurs, et surtout aux inconvénients de la doctrine que le parlement de Paris semble avoir adoptée, inconvénients d'autant mieux sentis que cette doctrine était plus généralement reçue.

Aussi, selon Merlin, l'art. 1700 n'admet-il « la subrogation que dans le cas où il y avait *procès et contestation sur le fond des droits*, au moment où la cession a été faite (1). » Le jurisconsulte ajoute à la phrase les particules restrictives *ne que*...., dont l'absence a pu faire penser que la définition est démonstrative, non limitative.

A vrai dire, une définition démonstrative n'aurait servi à rien; on ne s'était pas demandé, dans l'ancienne jurisprudence, pas même à Bordeaux, quoi qu'en dise Salviat, si le droit pouvait n'être pas litigieux, quand un procès était déjà engagé.

Les arrêts ont depuis longtemps consacré la doctrine, qui regarde comme limitative la définition de l'art. 1700. Nous remarquons l'arrêt rendu par la chambre des requêtes le 24 janvier 1827, dans une espèce où une personne avait cédé des héritages avec déclaration qu'ils avaient été usurpés sur elle, l'arrêt rendu par la Cour de cassation, chambre civile, le 9 février 1841, dans une espèce où les droits avaient été vendus comme litigieux (2), et l'arrêt rendu par la cour de Paris, le 7 juillet 1836, dans une espèce où le créancier et le débiteur avaient eu des contestations entre eux, au moment de la cession, mais sans s'être adressés à la justice (3). Rien de plus certain, dans les deux premiers cas surtout, que la nécessité d'un procès; néanmoins il est jugé que les droits ne sont pas litigieux.

Un arrêt rendu par la cour de Bordeaux, le 19 mars 1841 (4), fait observer que, si le droit devait être considéré comme

(1) *Loc. cit*

(2) D. A., v° *Vente*, n° 2050.

(3) *Eod.*, v° *Succession*, n° 1870.

(4) *Eod.*, v° *Vente*, *l. c.*

litigieux, parce que, après la cession, il donne lieu à un procès, celui contre lequel il serait cédé pourrait toujours, en soulevant le litige, se donner la faculté d'exercer le retrait (1).

73. — Le Code exige qu'il y ait procès et contestation.

Il faut que le procès soit commencé. On sait que le préliminaire de conciliation, destiné à prévenir l'instance, n'en fait point partie. Le droit cédé n'est pas réputé litigieux, si, avant de le céder, celui qui le réclame n'a fait que citer son adversaire éventuel devant le juge de paix (2). La tentative eût-elle échoué, le procès-verbal de non-conciliation eût-il été dressé, l'art. 1699 ne trouverait pas encore son application. Nous avons vu que la probabilité et même la certitude d'un procès ne suffisent point pour rendre un droit litigieux. Le seul arrêt qui ait jugé en sens contraire pour un cas où les parties ne s'étaient pas conciliées pose le principe que la définition de l'art. 1700 n'est pas limitative (3). Principe et conséquence tombent en même temps.

74. — Le procès proprement dit commence à l'ajournement. Mais un droit ne devient pas encore litigieux au moment où l'exploit est adressé au défendeur. L'art. 1700 demande non-seulement un procès, mais encore une contestation. Il est indispensable que la personne assignée se défende ; il serait possible que, reconnaissant la prétention du demandeur bien fondée, elle laissât prendre jugement contre elle, que l'instance servît uniquement à assurer l'exécution de cette

(1) L'ancien droit admettait que le droit cédé pût être considéré comme litigieux s'il était susceptible de contestation au moment de la cession, mais il n'aurait point suffi de la contestation élevée plus tard par celui contre qui le droit avait été cédé pour lui donner rétroactivement ce caractère. C'était aux juges qu'il appartenait d'apprécier, d'après les circonstances, si le droit cédé avait été susceptible de contestation. Ils n'auraient pas eu égard à un procès futile soulevé après la cession en vue du retrait. La conséquence indiquée par la cour de Bordeaux ne serait pas tirée nécessairement du principe de Pothier.

(2) M. Duranton, t. XVI, n° 534. M. Troplong, n° 990. M. Duvergier, t. II, n° 361. Marcadé, l. c. MM. Aubry et Rau, § 359 *quater*, note 13.

(3) D. A., n° 2053.

prétention ; nous verrons plus bas sur quel point doit porter la défense (1).

75. — Le droit cesserait d'être regardé comme litigieux, si le procès avait eu lieu et qu'il fût terminé.

Un procès est terminé, quand une décision a été rendue qui a l'autorité de la chose jugée ou qui l'a acquise. Contre les jugements en dernier ressort et les arrêts des cours impériales, les parties ont le pourvoi en cassation. L'art. 1699 peut-il être invoqué, 1° si la cession a été faite après un pourvoi formé, 2° ou même dans le délai utile pour le pourvoi ? La cour de Dijon a donné une réponse affirmative à ces deux questions dans un arrêt du 13 août 1831, que la Chambre des requêtes a maintenu par arrêt du 8 mai 1835 (2) : « Bien que le pourvoi en cassation n'empêche pas l'exécution d'un arrêt définitif, cet arrêt n'est pas moins susceptible d'être anéanti par la décision de la Cour de cassation qui remet les parties au même état qu'avant cet arrêt ; d'où l'on doit tirer la conséquence rigoureuse que, tant que les délais pour le pourvoi ne sont pas expirés, ou qu'en cas de pourvoi l'arrêt de la Cour royale n'a pas acquis la force de la chose jugée, le procès n'a pas cessé d'exister ; car, en jugeant le contraire, il pourrait arriver qu'après qu'on aurait décidé que le procès n'existe plus, la Cour de cassation annulant l'arrêt définitif, il se trouverait que le procès existerait de nouveau, ce qui impliquerait contradiction.... » La cour de Bordeaux a jugé, au contraire, sur la deuxième question, que, une créance ayant été confirmée par arrêt souverain, « sous prétexte d'un pourvoi en cassation éventuel, qui n'a pas été effectué,

(1) Civ. 3 février 1867 ; D. P. 67, 1, 65. La cession d'un droit qui, au moment où elle a lieu, était déjà l'objet d'une action judiciaire, n'est pas soumise au retrait, si elle a eu lieu avant que le défendeur eût constitué avoué ou contesté la demande. Cf. Civ. cass. 11 déc. 1866.

Il n'y a pas lieu au retrait quand, avant la cession, le créancier avait déjà exercé des poursuites et obtenu un jugement par défaut contre le débiteur cédé, que celui-ci n'a contesté l'existence de la dette en formant opposition au jugement qu'après la cession et sur les nouvelles poursuites du cessionnaire lui-même.

(2) D. A., n° 2063.

on ne peut la faire considérer comme litigieuse (1). » Marcadé adopte la décision de la cour de Dijon sur la première question, celle de la cour de Bordeaux sur la seconde (2).

Cette distinction paraît raisonnable. Cependant elle n'est pas entièrement satisfaisante. Il n'y aura pas eu cession de droits litigieux, si l'acte a été fait avant le pourvoi, mais le pourvoi formé rendra aux droits cédés leur caractère litigieux, momentanément effacé, et ce n'est pas un nouveau procès qui commencera, c'est le même qui continuera; néanmoins, dans le cours même de ce procès, une cession aura pu être faite, qui ne donnera pas lieu à l'application de l'article 1699.

En tout cas, il ne serait pas possible de décider que le sort de la cession faite dans ce délai fût subordonnée à la formation ultérieure du pourvoi; c'est pourtant ce que paraît avoir admis le tribunal de la Seine, dans un jugement du 8 juillet 1853, en disant « que la cession eût été inattaquable si aucun pourvoi en cassation n'était survenu dans le délai fixé par la loi (3). » Comment un fait postérieur et potestatif de celui contre qui existe le droit cédé peut-il changer la nature de ce droit et donner ouverture au retrait?

Quand une décision a été rendue, soit en premier, soit en dernier ressort, l'acquiescement, qui implique renonciation aux voies d'attaque, soit ordinaires, soit extraordinaires, termine évidemment la contestation judiciaire (4).

76. — Il est des instances judiciaires qui n'ont rien de litigieux, par exemple, celles qui ont pour objet un partage. Les droits qui y sont exposés devant la justice ne sont pas litigieux : « On a jugé avec raison, dit M. Duvergier (5), citant un arrêt de la cour de Lyon, du 24 juillet 1828, que le retrait ne peut être exercé contre le cessionnaire de droits suc-

(1) *Ib.*, vº *Avoué*, nº 147.

(2) *L. c.* — V. en ce sens que le droit est toujours litigieux jusqu'à l'expiration du délai donné pour le pourvoi, M. Doublet, *l. c.*, p. 131.

(3) Paris, 28 mars 1854; D. P. 55, 2, 355.

(4) Paris, *cit.*

(5) Nº 372. Cf. M. Troplong, nº 991.

cessifs indivis par cela seul qu'au moment de la cession il existait une instance en partage de la succession, lorsque d'ailleurs aucune contestation n'était élevée sur le droit du cédant. » Décision remarquable, par laquelle la jurisprudence moderne rompt avec l'ancien droit, trop empressé de confondre les droits successifs parmi les droits litigieux.

77. — Il faut qu'il y ait procès sur le fond du droit, c'est-à-dire que la contestation « fasse planer des chances douteuses sur le droit considéré dans son principe même et dans son existence, » dit M. Troplong(1). Il faudrait ajouter : « ou dans son étendue. »

C'est le fond qui doit être contesté par le défendeur. Un moyen dont l'admission serait sans influence sur le fond ne rend pas la chose litigieuse. Ainsi il ne suffit pas que le défendeur propose les exceptions indiquées au Code de procédure et qui ont seulement pour objet ou pour effet de retarder le procès et le jugement. Il n'y a pas de procès dans le sens de l'art. 1700, quand l'héritier bénéficiaire, assigné par un créancier de la succession, oppose qu'il a rendu ses comptes et payé le reliquat (2), quand le défendeur demande la péremption, sans avoir contesté au fond. La Cour de cassation a jugé (3) qu'il n'y a pas lieu au retrait quand le cédant s'est borné à former une demande en communication de livres et que le défendeur l'a combattue par une exception d'incompétence. Les auteurs critiquent justement un arrêt rendu par la cour de Rouen, le 1er décembre 1826, admettant le retrait dans une espèce où la question soulevée était si le titulaire du droit devait prendre la voie de l'action en résolution ou celle de l'expropriation(4), l'existence du droit étant reconnue.

Se défendre au fond, c'est prétendre que la demande est mal fondée, que le droit du demandeur n'a jamais existé ou qu'il est éteint. Par exemple, celui qui est assigné comme débiteur soutient qu'il n'a pas contracté de dette ou qu'il a

(1) N° 989.

(2) M. Troplong, n° 992. M. Duvergier, n° 366. D. A., n° 2057.

(3) Civ. cass. 1er mai 1866 ; D. P. 66, 1, 318.

(4) M. Troplong, n° 993. M. Duvergier, n° 367. D. A., n° 2058.

payé. Peu importe la nature des moyens invoqués par lui, pourvu qu'ils tendent à cette fin. Ce serait jouer sur les mots, que de dénier le caractère litigieux à un droit contesté, parce que la contestation porterait sur la validité en la forme du titre constitutif de ce droit, d'un testament ou d'une donation par exemple. La nullité tient ici à la forme, mais elle affecte le fond ; c'est ce que demande l'art. 1700 (1).

Il est possible que le défendeur reconnaisse le principe du droit, mais en nie l'application à l'espèce; c'est ce qui arrive quand un donataire conteste l'action en réduction d'un héritier réservataire, parce qu'il le dit rempli de sa réserve (2). La Cour de cassation déclare qu'un droit est litigieux, quand il est reconnu en principe, mais que l'existence en est subordonnée au résultat d'une expertise (3).

Le débat peut porter, non sur l'existence, mais sur l'étendue des droits réclamés; dès lors ils doivent être considérés comme litigieux. En effet, c'est l'existence partielle de ces droits qui est mise en question. La Cour de cassation a jugé qu'il y avait lieu au retrait, dans une espèce où, « si le titre originaire de la créance n'était pas contesté, les droits résultant actuellement de ce titre avaient fait l'objet de longues contestations encore existantes (4). » La cour de Montpellier, dans son arrêt précité du 16 juin 1840, dit très justement que « toute demande ayant pour objet un supplément de légitime est de sa nature essentiellement litigieuse, lorsque les parties ne reconnaissent pas que les légitimaires n'ont pas été complétement remplis. »

Une fois le débat engagé au fond, le droit devient litigieux et demeure tel jusqu'à la fin du procès. Il serait possible que,

(1) M. Troplong, n° 995. M. Duvergier, n° 371.

(2) Montpellier, 16 juin 1840; D. A., n° 2056.

(3) Il s'agissait, dans l'espèce, d'un desséchement de marais; le conseil d'État avait décidé qu'il fallait tenir compte de la plus-value qui avait pu être produite par les travaux, mais ordonné une expertise pour constater, 1° si le desséchement avait facilité l'extraction de la tourbe dans ces terrains desséchés; 2° quelle était la plus-value résultant pour ces terrains de la plus grande facilité d'extraction (Req. 14 mai 1861; D. P. 62, 1, 335).

(4) Req. 29 avril 1831; D. A., n° 2056.

au moment où la cession a eu lieu, la question débattue eût trait seulement à la procédure, par exemple, que le défendeur eût réclamé la péremption. Mais cette instance, qu'il veut faire déclarer éteinte, porte sur le fond du droit : « En réalité, dit la cour de Bordeaux (1), le procès sur le fond du droit a subsisté jusqu'à la décision en vertu de laquelle la péremption a été prononcée. »

Il faut distinguer soigneusement de l'hypothèse précédente celle où, nul débat au fond n'ayant été engagé, les moyens opposés par le défendeur, sur la procédure, peuvent entraîner la perte du droit lui-même pour le demandeur. Par exemple l'assignation n'ayant pas produit son effet parce qu'elle a été déclarée nulle, ou l'ayant perdue parce que l'instance a été périmée, la prescription s'est accomplie. Le débat qui s'engage sur la nullité de l'assignation, sur la péremption de l'instance, a la même importance que celui qui aurait lieu sur le fond. Cependant, si le fond y est compromis, il n'y est pas contesté; il y est mis en danger, non en question (2).

Il suffit qu'il y ait procès au fond. Peu importe que la contestation soit mal fondée de la part du défendeur, qu'il nie un droit évident. La circonstance du procès soutenu est suffisante. On doit excepter le cas où le défendeur reproduirait des moyens déjà rejetés par un jugement passé en force de chose jugée ; il n'y a plus que l'apparence d'un procès là où la justice a déjà prononcé (3).

78. — C'est au moment de la cession que le droit doit être litigieux, que les conditions énumérées par l'art. 1700 doivent être réunies. La cour de Caen veut que les tribunaux se reportent à un autre moment, celui de la signification du transport à la personne contre qui le droit est cédé. « Si la cession, dit-elle, porte la date du 28 janvier 1818, elle n'a pu cependant produire d'effet à l'égard des tiers et du débiteur

(1) 6 juillet 1838 ; D. A., n° 2011.

(2) M. Duvergier, n° 370. Marcadé, *l. c.* D. A, n° 2060.

(3) M. Duvergier, n° 373, citant Cass. 4 mars 1823. — MM. Aubry et Rau, *l. c.*, texte. — Les principes qui viennent d'être exposés ont été consacrés par l'arrêt de cassation du 1er mai 1866.

que par la signification. — Les dispositions de l'art. 1690 sont précises et ne font aucune distinction entre les différentes espèces de transport, c'est seulement le 8 mai 1846 que le sieur Aubert-Julien Cassin, en intervenant au procès intenté dès le mois de mars 1845 par la veuve Pinel, a donné connaissance de son acte de cession; ainsi c'est à une époque où il y avait procès et contestation depuis longtemps que la cession a acquis une existence légale au respect des débiteurs et des tiers, on doit alors appliquer les dispositions de l'article 1699. »

Voici quel est le raisonnement de la cour de Caen. Le droit de propriété litigieux est un droit incorporel; or, le transport des droits incorporels ne s'opère à l'égard des tiers que par la signification du transport à celui contre lequel ces droits sont cédés; donc c'est au moment de cette signification qu'il faut se placer pour examiner s'il y a litige sur le fond du droit.

Que faut-il penser de cette dénomination de droit incorporel donnée à un droit réel parce qu'il devient litigieux? La vente de ce droit, selon M. Troplong (1), « est bien moins l'aliénation de la chose même que la cession d'un procès, *dubius litis eventus*. Or, un procès est un droit incorporel, quel que soit l'objet qu'il a pour but de poursuivre, et le Code n'a pas menti quand il a placé les art. 1690 et suivants sous la rubrique de la *cession de créances et autres droits incorporels*. »

Nous n'avons pas besoin de rappeler combien est fausse cette expression : *droits incorporels*, qui donne à entendre qu'il y a des droits corporels. Admettons-la cependant, puisqu'elle est dans le Code. Pour être contesté, le droit de propriété cesse-t-il d'être réel? N'est-ce pas comme tel qu'il est réclamé? La cession qui en est faite, s'il porte sur un immeuble, n'est-elle pas sujette à transcription? Le *dubius litis eventus* n'est rien en lui-même. Un procès n'est pas un droit, c'est un procès qui tend à faire reconnaître un droit, soit un droit de créance, soit un droit réel, notamment le droit de propriété.

Cependant on peut reconnaître, à cause de la rubrique du

(1) N° 1001.

chapitre VIII, que, sous l'expression *droits incorporels*, le Code a compris tous les droits litigieux, quelle qu'en soit la nature. S'ensuit-il que la cession qui en est faite doive toujours être signifiée, qu'il ne faille pas distinguer entre le transport d'une créance et la vente d'un droit réel?

La jurisprudence étend aux cessions de droits litigieux, quels qu'ils soient, comme aux cessions de droits successifs, cette règle, posée par l'art. 1690, que « le cessionnaire n'est saisi, à l'égard des tiers, que par la signification du transport faite au débiteur. » Nous croyons cette doctrine tout à fait en contradiction avec les principes et le texte du Code Napoléon, en ce qui touche les cessions de droits litigieux autres que les créances. C'est à un droit de propriété que l'applique la cour de Caen. La Cour de cassation a décidé, comme celle-ci, le 17 mars 1840 (1), tout en réservant le cas où la vente aurait eu un immeuble même pour objet, mais sans dire si elle suppose que cet immeuble serait vendu par le demandeur ou par le possesseur. MM. Troplong (2) et Duvergier (3), qui déclarent, contrairement à la jurisprudence, qu'en cas de vente de droits successifs, la signification n'est pas exigée (4), acceptent sa décision sur la cession de droits litigieux, même d'actions immobilières.

Cette décision n'est pas conforme à l'ancien droit, qui nous a légué la signification. Ferrière dit : « Avant d'expliquer cet article (5), il faut observer qu'un transport ou cession se fait ou d'une dette mobilière contenue dans une cédule ou obligation, ou d'une rente constituée, ou de droits litigieux et d'actions, ou de droits universels comme de successions, et que la diversité des choses cédées produit des effets différents; *cet article ne se peut entendre que du transport et cession des dettes mobilières contenues dans une cédule ou obligation, mais il a été étendu aux rentes constituées*, néanmoins il est à

(1) Sir. 40, 1, 197. Cf. Req. 23 juil. 1835. 35, 1, 481.

(2) N° 903.

(3) T. II, n° 178.

(4) M. Troplong, n° 907. — M. Duvergier, n° 351.

(5) C'est l'art. 108 de la cout. de Paris, ainsi conçu : « Un simple transport ne saisit point, et faut signifier le transport à la partie et en bailler copie avant que d'exécuter. »

propos de traiter brièvement de la cession des rentes et des actions des droits litigieux et droits universels (1). » Comment douter que le Code n'ait adopté la doctrine de l'ancien droit? L'art. 1689 dit : « Dans le transport d'une créance, *d'un droit ou d'une action sur un tiers*..., » et l'article 1690 : « Le cessionnaire n'est saisi à l'égard des tiers que par la signification du transport... » Mais il est difficile de faire rentrer le droit de propriété, même litigieux, parmi les droits ou actions *sur des tiers*. Droits qui doivent être exercés *contre* des tiers, actions *contre* des tiers. Le mot *sur* a un tout autre sens; il indique cette relation entre deux personnes essentielle à l'obligation. Aussi les deux articles 1690 et 1691 contiennent-ils trois fois le mot *débiteur*, et certes ce mot ne peut s'appliquer au possesseur, défendeur à la revendication. Encore moins peut-il être, pour celui-ci, question d'une *acceptation*. Qu'accepterait-il? La loi suppose que le débiteur cédé rend la signification inutile en acceptant le cessionnaire pour créancier dans un acte authentique. L'acceptation renferme une reconnaissance de la dette. De deux choses l'une, ou la dette est contestée, ou elle est reconnue par le débiteur; dans le premier cas, il n'acceptera certainement pas et se laissera signifier le transport; dans le second, il pourra accepter et opérer ainsi la délivrance du droit envers tous au profit du cessionnaire. Quand il s'agit d'un droit de propriété, il ne peut être question de signification que s'il est litigieux; c'est un cas où l'acceptation est impossible; elle équivaudrait à acquiescement : si ce droit n'est pas litigieux, il n'y a personne qui se trouve dans une position analogue à celle du débiteur et à qui puisse être faite la signification ou demandée l'acceptation. Il faudrait donc reconnaître qu'il est des droits au transport desquels le premier alinéa de l'art. 1690 est applicable et le second inapplicable, quand ce dernier porte : « Néanmoins le cessionnaire peut être *également* saisi par l'acceptation du transport faite par le débiteur..., » quand le législateur a mis sur le même rang, a établi pour les mêmes cas ces deux modes différents de saisine! Qu'on ne dise pas que l'acceptation, de la part du défendeur en revendication, consisterait seulement à accepter le

(1) Sur l'art. 108, nº 6.

cessionnaire pour adversaire. Tel n'est certainement pas le sens de celle que fait un débiteur, et l'art. 1690 ne distingue pas plusieurs modes d'acceptation. La cour de Nîmes, dans son arrêt du 5 juillet 1838, qu'a maintenu la Cour suprême, le 17 mars 1840, distingue longuement entre la vente et le transport et déclare celui-ci soumis à la nécessité de la signification. Distinction de mots ! Si le Code a eu le tort de l'admettre, il ne s'ensuit pas qu'il ait voulu régir tous les transports par un principe uniforme. Nous avons répondu de même à l'argument tiré du mot *droits incorporels* qu'emploie la rubrique du chapitre VIII; que le Code se soit servi de cette mauvaise expression, qu'il y ait compris les droits litigieux, soit ! mais l'art. 1690 ne distingue-t-il pas nécessairement, en parlant de *débiteur*, *acceptation*, entre les divers droits incorporels ? La loi du 23 mars 1855 nous fournit un argument de plus; il est reconnu que la transcription est nécessaire pour les actes indiqués dans cette loi, même quand ils portent sur des droits litigieux; faudra-t-il cumuler et signifier après avoir transcrit (1) ?

Quand une créance est cédée, et même, d'après la jurisprudence que nous avons combattue, quand une action est vendue, quelle qu'en soit la nature, la signification étant nécessaire pour saisir le cessionnaire à l'égard des tiers, est-ce au moment où elle est faite qu'il faut se placer pour examiner si le droit est litigieux ? C'est ce que décide la cour de Caen.

(1) Cf. sur une question analogue, à savoir, si la cession d'intérêts dans une société est soumise à la nécessité d'une signification, M. Boudant, *Revue critique*, février 1869. — *Des caractères distinctifs de l'intérêt et de l'action en matière de sociétés*, n° 15 et note, p. 166. — M. Doublet, *l. c.*, p. 168, admet qu'il n'y a pas lieu à la signification ou à l'acceptation pour un droit de propriété litigieux. Mais il ajoute « que la *connaissance légale* de cette vente de droit, de propriété litigieuse, sera acquise le jour où l'acheteur, *qui n'y est pas forcé*, ferait cependant faire par huissier signification de son acte d'achat, le jour encore où (ce qui arrivera le plus souvent) il interviendrait dans la procédure, disant qu'il entend reprendre pour son compte l'instance précédemment intentée et suivie par son vendeur. » Il ne dit pas quelles seront les conséquences de cette *connaissance légale*. La place où il en traite fait présumer qu'il la regarde comme marquant le moment à partir duquel le cédé peut renoncer, expressément ou tacitement, au retrait. Mais pourquoi parler de connaissance *légale*, quand la loi n'a rien dit ?

Une action en revendication est cédée, qui n'est pas encore engagée; le procès commence et la signification n'a lieu qu'après les premiers actes du procès. Le droit doit être regardé comme litigieux, parce qu'il est tel au moment où l'acte existe pour les tiers. D'après ce système, il faut admettre que, si le droit litigieux lors de la cession ne l'est plus, parce que le procès est terminé, lors de la signification, l'art. 1699 ne reçoit pas d'application. Une telle conséquence serait repoussée par tous; il deviendrait trop facile d'éluder le retrait en retardant la signification jusqu'au procès terminé. Il n'y a nul besoin de rechercher à quel moment le cessionnaire est saisi à l'égard des tiers; c'est l'acte passé entre le cédant et le cessionnaire que l'on considère en lui-même, à l'heure précise où il est fait. C'est ainsi que le retrait a toujours été compris. En effet, il s'agit de protéger les défendeurs contre les acquisitions de procès; la spéculation se produit quand elles ont lieu.

70. — Quelles sont les espèces de droits dont la cession donne lieu au retrait?

Le retrait s'applique incontestablement aux créances litigieuses; s'applique-t-il aux droits réels?

La Cour de cassation, le 24 novembre 1818, a jugé « que la subrogation aux cessions de droits litigieux, autorisée par l'art. 1699 du Code civil, n'a pour objet que les créances et autres droits incorporels; qu'elle est par conséquent inapplicable aux immeubles, qui, étant des corps certains et déterminés, ne sont pas compris dans les dispositions de cet article (1). » M. Delvincourt citait cet arrêt sans le contredire (2).

M. Troplong oppose à cet arrêt l'autorité de l'ancien droit, puis le réfute ainsi : « Il importe peu que l'objet acheté soit meuble, immeuble ou même incorporel, comme M. de Lamoignon l'avait fort bien aperçu avec les savants jurisconsultes qui l'ont aidé dans son travail. La raison en est que pareille vente est bien moins l'aliénation de la chose même que la cession d'un procès, *dubius litis eventus*... C'est ce que

(1) M. Troplong, n° 1001. Cf. M. Duvergier, n° 379.
(2) T. III, note 1, p. 171.

la Cour de cassation aurait pu facilement apercevoir, en se reportant aux principes développés à cet égard par le maître de la matière, Pothier. » L'éminent jurisconsulte ajoute que l'art. 1701 fournit à son opinion un argument irrésistible, en parlant du possesseur de l'héritage sujet au droit litigieux.

Pothier, que M. Troplong appelle le maître de la matière, n'a pas traité la question. Il garde un silence ambigu et même, nous l'avons dit, se sert avec persistance du mot *débiteur*, qui ne convient guère à la cession d'un héritage litigieux. Le principal argument de M. Troplong consiste à représenter le droit comme devenant incorporel en devenant litigieux. Nous avons dit, en traitant une autre question, ce qu'il en faut penser.

L'argument tiré de l'art. 1701 est meilleur, et il se corrobore des expressions de l'art. 1700 : « La *chose* est censée litigieuse... » Le Code a évité avec soin le mot *débiteur*, dont Pothier fait un constant usage : « Celui contre lequel on a cédé un droit litigieux, » dit l'art. 1699. Il a voulu confirmer l'ancienne jurisprudence sans laisser aucune ambiguïté. Il n'y a rien à répondre aux deux arguments tirés de l'ancien droit et de l'étendue des termes que le Code a employés.

Cette interprétation est généralement admise (1). Elle est consacrée notamment par un arrêt du 22 juillet 1851, où la Chambre des requêtes a reproduit le principal motif de M. Troplong (2).

80. — Quelques auteurs posent la question dans d'autres termes, ou plutôt, posent une autre question, qui ne s'est jamais présentée : « Le principe, dit Marcadé (3), s'appliquerait également si l'acte présentait, comme vendu ou échangé, non pas tel ou tel *droit*, mais tel *bien*, meuble ou immeuble, sur lequel il y a procès. Il est vrai que Delvincourt et un ancien arrêt de la Cour suprême (24 novembre 1818) décident le contraire; mais c'est une erreur. C'est de la cession de toutes actions, de tout procès que le Code entend parler.

(1) Caen, 21 déc. 1849 ; D. P. 50, 2, 33.

(2) D. P. 51, 1, 265.

(3) *L. c.*, n° 3. — Cf. M. Duvergier, n° 379 ; MM. Aubry et Rau, *l. c.*, note 9 ; M. Dalloz, *Rép. alph.*, n° 2015 ; M. Doublet, *l. c.*, p. 165.

Quand il y a procès entre Pierre et moi sur la propriété d'une maison, qu'importe que je déclare vous vendre mon *droit* sur cette maison ou vous vendre la *maison?* Est-ce que la vente *de la maison* n'est pas la vente *du droit* tel quel, du droit litigieux dans l'espèce qu'on a dans la maison? »

Rien de plus raisonnable; mais pourquoi supposer que la Cour de cassation en 1818 et que M. Delvincourt, d'après elle, aient songé à cette distinction absurde? On ne la trouve que chez ceux qui la réfutent. L'arrêt de 1818 n'oppose pas la cession d'une chose à celle du droit de propriété sur cette chose, mais la vente d'un immeuble à celle des droits incorporels; peut-on supposer, quand il garde le silence, qu'il range parmi ceux-ci un droit de propriété sur l'immeuble?

81. — La prohibition s'applique incontestablement au demandeur qui réclame un droit réel; s'étend-elle au défendeur qui possède? Troisième question, tout à fait distincte des deux premières, bien que les auteurs confondent quelquefois les unes avec les autres. M. Duvergier répond par l'affirmative : « La contestation engagée, dit-il (1), rend les droits respectifs également litigieux, et évidemment lorsque celui-ci vend l'immeuble et celui-là son droit à l'immeuble, c'est également un droit de propriété litigieux qu'ils transmettent. A la vérité l'héritier possède, mais ce fait, très important sous d'autres rapports, est ici absolument insignifiant; sans doute, il place l'héritier dans une position favorable pour soutenir la contestation : mais il ne donne à sa prétention aucun caractère de certitude; il n'empêche pas que son acheteur ne soit un acheteur de procès; et dès lors on ne conçoit pas que cette circonstance puisse soustraire celui-ci à l'application de la sage règle consacrée par l'article 1699. »

La pensée de M. Troplong était fort douteuse dans son traité *De la Vente*, mais, dans son *Commentaire de la loi du 23 mars* (2), il s'explique très clairement, car il fait la supposition suivante : « Je revendique un immeuble que vous possédez. Durant le procès, vous vendez cet immeuble à un

(1) N° 379.
(2) N° 229.

tiers. » C'est cette vente qui donnera au demandeur l'occasion d'exercer le retrait.

Au contraire, si MM. Aubry et Rau admettent le retrait, quand l'immeuble a été vendu, c'est « alors du moins que le vendeur, ne détenant point l'immeuble, se trouve hors d'état d'en faire la délivrance (1). » La Cour de cassation se prononce implicitement dans le même sens, en disant « que c'est réellement céder un droit litigieux que céder non *pas un immeuble qu'on détient et qu'on peut livrer*, mais... (2). »

Il faut, selon nous, décider que la vente faite par le possesseur de l'objet litigieux ne donne pas lieu à l'application de l'art. 1699. Pourquoi attacher tant d'importance à la possession? Le droit du possesseur n'est-il pas litigieux, comme celui du demandeur? Qu'on se rappelle les précédents, afin de pénétrer l'esprit de la loi. La constitution d'Anastase était faite pour les cessions de créances; il est évident qu'elle ne pouvait être appliquée à la cession du défendeur; un débiteur vrai ou prétendu n'a pas de droit à vendre. L'ancienne jurisprudence étendit la loi *Per diversas* à toutes les cessions de droits litigieux, mais en les supposant faites par les demandeurs; c'était à la vente des actions qu'elle songeait. On ne peut être qualifié d'acheteur de procès quand on acquiert un droit de celui qui le possède et qui se prépare à jouer le rôle de défendeur. L'esprit de l'ancienne jurisprudence a inspiré les rédacteurs du Code. Les expressions mêmes de la loi l'attestent suffisamment : « Celui contre lequel on a cédé un droit litigieux, » dit l'art. 1699; ces termes s'appliquent bien au possesseur contre qui l'action est intentée et doit être continuée, nullement au demandeur; peut-on dire que la vente faite d'un immeuble par le possesseur est celle d'un droit existant *contre* le demandeur? L'article ajoute : « peut s'en faire tenir quitte. » Par le retrait, le possesseur se fait tenir quitte

(1) *Loc. cit.*

(2) Arrêt précité du 22 juillet 1851. — On trouve les mêmes expressions dans un autre arrêt, rendu par la Cour de cassation le 28 janvier 1836; D. A., n° 2011-2°. — Le 5 nivôse an XIII, le tribunal d'appel de Paris disait : « Attendu que, d'après les lois *Per diversas* et *ab Anastasio*, le débiteur d'une créance contestée ou *le propriétaire troublé dans sa possession, a le droit...* » D. A., n° 2026.

de l'action; quant au demandeur, il entrerait en possession de la chose, l'effet du retrait serait bien plus considérable, il aurait même une autre nature. Enfin l'art. 1701-3° prouve qu'une position particulière est faite au possesseur; l'exception qui y est contenue ne s'appliquerait pas à la cession qui aurait lieu au profit du demandeur.

81. — L'art. 1699 suppose une cession à titre onéreux, puisqu'il y est question du prix. Mais il ne faudrait pas en restreindre le principe au cas de vente d'un droit litigieux. L'article devrait être appliqué, si ce droit avait été acquis par échange (1).

II. *Quels sont les cas où ne s'applique point la règle de l'art.* 1699.

82.—Il est un cas pour lequel la règle n'est pas faite; il reste en dehors plutôt qu'il n'est excepté; c'est celui où la cession du droit litigieux a lieu à titre gratuit. Le Code n'en parle pas; il a suffi aux rédacteurs d'employer, en posant la règle, des termes qui ne le comprennent point. L'article dit : « En lui remboursant le *prix* réel de la cession. » Il n'y a point de prix dans une donation.

Le Code, sur ce point, n'a fait que suivre la tradition du droit romain et de notre ancien droit. Il a de même pensé que la spéculation est étrangère à une libéralité.

Il faut que la donation soit sincère. Si les parties avaient déguisé sous l'apparence d'un acte à titre gratuit un acte à titre onéreux, pour le soustraire à l'application de l'art. 1699, ce serait être fidèle à la tradition du droit romain (loi *ab Anastasio*) et de l'ancien droit, comme à l'esprit du Code, que d'admettre la preuve de la fraude commise contre la loi, et, la fraude prouvée, de laisser exercer le retrait.

83. — Certains actes embarrassent le juge et l'interprète, nous voulons parler de ceux qui ont un caractère mixte, à la fois donations et actes à titre onéreux. Ils peuvent se présenter de deux manières différentes, soit sous la forme d'une libéralité avec charges, soit comme réunissant deux

(1) M. Troplong, n° 1002. M. Duvergier, n° 387. M. Marcadé, *l. c.*, 2. — L'opinion contraire a été soutenue dans une remarquable thèse de droit présentée à la Faculté de Paris par M. Léon Picot sur l'*Echange*, p. 320.

contrats, donation d'une partie, vente de l'autre partie. On se rappelle que, chez les Romains, les acheteurs de créances avaient trouvé le moyen d'éluder la loi *Per diversas* en recourant à cette dernière combinaison, et que la loi *ab Anastasio* avait été faite pour empêcher la fraude, en effaçant dans l'acte la partie représentée comme une donation. Cette loi avait été constamment appliquée dans l'ancien droit. Sous le Code, les acheteurs de procès peuvent être tentés, pour sauver l'excédant des droits litigieux sur le prix réellement payé par eux, de s'en faire faire une donation peu coûteuse pour le donateur, ou de changer la vente en une donation avec charge, la charge consistant dans le paiement du prix. Comment se garantir d'une telle fraude, qui, impunie, deviendrait générale et ne laisserait plus d'application à l'art. 1699?

M. Troplong décide (1) que la donation accompagnée d'une charge ou mélangée d'un prix inférieur à la valeur de la créance, doit être traitée comme une vente, conformément à la loi *ab Anastasio*. Il se fonde sur ces raisons que la faculté de faire une disposition de ce genre, sans être soumise au retrait, serait un moyen sûr d'éluder la loi, et que, si le prix est vil, cette circonstance est défavorable plutôt que favorable aux yeux du législateur : « Dans cette matière, dit-il, toute donation avec charge est une vente, » et, plus bas : « La décision de Justinien ne comporte pas le moindre doute. » Le Code fournit une raison de plus à l'appui de cette décision. La donation n'est pas formellement exceptée de la règle du retrait; si elle y échappe, c'est parce qu'il n'est pas possible d'y appliquer la règle de l'art. 1699. Or, cette règle peut évidemment être appliquée à tout acte où l'on rencontre, soit un prix, soit l'équivalent d'un prix : « Ce rapprochement me paraît décisif, dit l'illustre magistrat; il fortifie, par un argument de plus, les règles si raisonnables et si logiques de la Constitution de Justinien. »

Il est difficile d'admettre cette opinion, à défaut d'un texte de loi qui en ait fait une règle. Elle consiste à placer l'acte dont il s'agit sous le coup d'une présomption générale de fraude; mais de quel droit les interprètes établissent-ils une

(1) N° 1009.

présomption générale qui n'est pas dans la loi, une présomption qui n'admet pas la preuve contraire, et cela pour frapper un acte certainement licite en soi? Peu importe que cette présomption ait été établie par une autre législation, puis adoptée par une jurisprudence à laquelle il appartenait de former le droit. Ces précédents n'ont pour nous qu'une autorité de doctrine; encore leur autorité même est-elle diminuée par cette raison que les législateurs qui les connaissaient parfaitement ne les ont pas reproduits. L'art. 1350 porte : « La présomption légale est celle qui est attachée, *par une loi spéciale*, à certains actes ou à certains faits. Tels sont : 1° les actes que la loi déclare nuls, comme présumés faits en fraude de ses dispositions d'après leur seule qualité... » M. Troplong ne peut invoquer que des considérations, non citer une loi spéciale; la présomption qu'il propose doit être rejetée. L'argument de texte, que fournit l'art. 1699, n'a rien de concluant; sans doute, il y a, dans l'acte en question, un prix ou l'équivalent d'un prix; mais est-ce pour une partie? est-ce pour le tout? On l'ignore avant l'examen de chaque espèce. C'est ce qu'il faudrait savoir pour décider, car *le prix réel de la cession* s'entend d'une cession à titre onéreux. Ce serait dépasser la portée de l'article que de l'entendre d'une cession à titre gratuit, même associée à celle-ci. Enfin la combinaison que nous indiquons peut être sincère et loyale. N'est-il pas dur, comme il serait illégal, de la déclarer nécessairement frauduleuse, pour la ranger parmi les ventes?

M. Duvergier distingue (1). Si l'acte contient deux parties parfaitement distinctes, il faut appliquer à l'une les règles de la vente, à l'autre celles de la donation. Si le caractère de l'acte est douteux, parce que, en le qualifiant de donation, les parties sont convenues d'un prix ou de certaines charges, parce que l'une a déclaré vendre à l'autre pour un prix inférieur au montant des droits et lui donner le surplus, une grave difficulté se présente : « C'est l'intention qui anime les parties, qui détermine le caractère légal des contrats, » des éléments hétérogènes pouvant s'introduire dans un acte sans en changer l'essence, la libéralité dans une vente, les charges dans une donation : « Les expressions des parties, les circon-

(1) N° 398.

stances où elles se trouvaient, les motifs qui les ont déterminées, leurs relations de parenté, d'affaires, d'affections, sont autant d'indices qui, attentivement explorés, fourniront toujours la solution du problème. Dans les occasions rares, où l'esprit des juges se trouvera suspendu entre d'égales probabilités pour la donation et pour la vente, il se déterminera en faveur de la dernière, en vertu de la maxime, malheureusement trop bien justifiée par l'expérience, que les libéralités ne se présument pas facilement. » Le savant auteur cite à l'appui de son opinion un arrêt rendu par la cour de Toulouse, le 13 décembre 1830, à propos d'une donation faite par un oncle à son neveu. Cet arrêt ne contient pas l'exposition des circonstances de la cause, mais on y voit que les magistrats avaient exercé un certain pouvoir d'appréciation. Un arrêt de la chambre des requêtes leur reconnaît expressément ce pouvoir (1).

MM. Marcadé (2), Aubry et Rau (3), laissent aux magistrats le soin d'apprécier les circonstances de la cause. On peut croire qu'ils adoptent le système de M. Duvergier, auquel ils renvoient le lecteur (4).

« Nous devons avouer, dit M. Dalloz (5) qu'au point de vue pratique cette recherche de la véritable intention des parties nous paraît difficile et d'un résultat bien incertain. »

Le système de M. Duvergier est exact sur plusieurs points, mais non pas sur tous. Il faut écarter la distinction qu'il pose d'abord. Le cas où l'acte contient deux parties tout à fait distinctes, l'une à titre gratuit, l'autre à titre onéreux, est aussi embarrassant que celui où une donation a été faite avec charges. Pourquoi respecter, dans le premier, la volonté manifeste des parties, comme si cette manifestation ne pouvait pas cacher une combinaison frauduleuse? Aussi, quelques lignes plus bas, l'auteur range-t-il parmi les hypothèses diffi-

(1) 4 juin 1834; D. A., v° *Succession*, n° 1905.

(2) *L. c.*, n° 2.

(3) *L. c.*, note 10.

(4) Il est vrai que M. Marcadé, dans sa note, renvoie en même temps à M. Troplong qui soutient un système contraire; mais, d'après le texte, c'est l'opinion de M. Duvergier qu'il embrasse.

(5) V° *Vente*, n° 2020.

ciles celle où le cédant a déclaré vendre pour un prix inférieur au montant de ses droits et donner le surplus. Ce n'est autre chose que le premier cas, présenté d'une manière différente.

M. Duvergier reconnaît aux magistrats un pouvoir d'appréciation, mais toutes choses restant égales tant qu'il ne s'est pas exercé, ou plutôt la présomption étant en faveur de la vente, parce que « les libéralités ne se présument pas. » Mais ici est il besoin de présumer une libéralité? La convention se présente comme une donation; l'intention de faire un acte à titre gratuit est clairement manifestée; l'adage cité par M. Duvergier ne peut avoir aucune autorité.

La question se pose dans les termes suivants : L'acte contenant une libéralité doit-il être présumé frauduleux et assimilé à une vente? M. Duvergier répond affirmativement, comme M. Troplong; seulement, à la différence de celui-ci, il admet la preuve contraire. Mais ce que nous avons combattu, en parlant du système de M. Troplong, c'est précisément cette présomption légale de fraude qui n'est établie par aucune loi. M. Duvergier, comme M. Troplong, se met en contradiction avec l'art. 1350, et cette contradiction n'en est pas moins flagrante pour être moins grave, parce que la preuve contraire est réservée.

Non, l'acte doit, *a priori*, être pris tel qu'il est, vente pour partie, donation pour partie. L'unique présomption qu'il soit permis d'établir, c'est qu'une convention est sérieuse et sincère. La qualification de donation attribuée à un acte a des effets importants, aussi bien entre les parties que dans leurs rapports avec les tiers, et notamment avec le fisc. Il ne faut pas la regarder d'avance comme illusoire. Seulement, il en est du cas que nous examinons comme de celui où l'acte tout entier affecte la forme d'une donation; une fraude peut avoir été commise contre la loi; la personne intéressée a le droit d'en faire la preuve, et, après l'avoir faite, après avoir restitué à l'acte son vrai caractère, d'exercer la faculté qui lui est accordée par cette loi. C'est dans l'examen de la fraude alléguée que doit intervenir le pouvoir d'appréciation des tribunaux (1).

(1) M. Duvergier, *l. c.*, indique plusieurs autres systèmes : nous n'en

M. Doublet (1), après avoir très-bien exposé les systèmes en présence, adopte celui de M. Duvergier, mais avec une distinction qui n'est pas sans difficulté. Si les juges reconnaissent que les parties ont fait, non une donation et une vente, mais seulement une donation avec charge, ils n'accorderont pas le retrait au débiteur, « car la loi a jugé que cette opération n'avait pas d'inconvénient ni pour lui ni pour la société. » Cette première décision nous paraît exacte. Il n'en est pas de même de celle qui suit : « Celui contre lequel on a donné la moitié d'un droit et contre lequel on a vendu l'autre moitié, a incontestablement le droit d'exercer le retrait pour cette moitié : qu'il le fasse *et il obtiendra de son adversaire cession de tout, moyennant un prix convenu à l'amiable ou que la justice arbitrerait s'il y avait difficulté de s'entendre.* » Comment admettre ce retrait contre un donataire, quand la donation est sérieuse, dans la mesure où elle est faite? S'il est reconnu que la donation jointe à la vente n'est pas frauduleuse, la partie donnée ne peut être enlevée à celui qui l'a reçue. Le retrait ne s'exercera que sur la partie vendue. Il est vrai qu'il ne s'exercera pas du tout, au moins le plus souvent, faute d'intérêt; mais il nous paraît impossible de décider autrement sans violer le texte de la loi.

84.—On voit que le retrait n'a pas lieu quand une donation, faite à charge de rente viagère, a le caractère d'un avancement d'hoirie ou d'une démission de biens (2). La preuve de la fraude, nécessaire contre un acte qui a l'apparence d'une donation, ne saurait être fournie par celui qui veut exercer

parlons point, parce qu'ils n'ont pas trouvé de crédit. Il écrit notamment que Pothier a soutenu deux systèmes différents, l'un qui n'est autre chose que l'application de la loi *ab Anastasio*, l'autre, d'après lequel la donation avec charges équivaudrait à vente, quand les charges seraient extrinsèques à la chose donnée. Sur la cession de droits litigieux, Pothier n'a jamais enseigné que l'application de la loi *ab Anastasio*, conformément à la jurisprudence de son temps. La seconde décision est donnée par lui à propos du retrait lignager (*Traité des retraits*, n° 85) et ne conviendrait même pas à tous les cas de retrait litigieux, car elle présuppose une chose donnée; comment s'appliquerait-elle à la créance litigieuse d'une somme d'argent?

(1) *Loc. cit.*, p. 124.

(2) M. Troplong, n° 1010. M. Duvergier, t. II, n° 388. Marcadé, *l. c.* — Req. 22 déc. 1855 (D. P. 56, 1, 13).

le retrait. La cession est faite non-seulement d'une manière légale, mais encore par un motif de générosité ; on peut, dans certains cas, dire : par un motif de piété. M. Troplong lui-même admet cette décision : « Le retrait, en pareil cas, serait immoral, dit-il ; il briserait les affections du donateur. » Mais nous n'avons pas besoin de l'argument très-contestable qu'il emploie pour déroger à sa présomption de fraude : « Quant à l'espèce de prix qu'on voudrait voir dans la rente viagère, il faut considérer que les descendants doivent des aliments *jure sanguinis* à leurs ascendants qui se dépouillent pour eux. Cette rente est bien moins un prix qu'une dette commandée par la nature. » L'avancement d'hoirie peut avoir lieu entre des personnes qui ne se doivent pas d'aliments. La convention garderait son efficacité, alors même que le donateur n'aurait nul besoin de la rente viagère à titre alimentaire.

85. — Le Code a excepté de la règle, dans un certain nombre de cas, les cessions de droit litigieux qui y seraient soumises par leur nature. Ces cas sont énumérés dans l'art. 1701. Portalis les rattache à un principe commun : « Ces cas sont tous ceux où l'on ne rapporte cession de quelque droit litigieux que pour se maintenir soi-même dans quelque droit acquis (1). »

86. — *Premier cas* : « La disposition portée en l'art. 1699 cesse, 1° dans le cas où la cession a été faite à un cohéritier ou copropriétaire du droit cédé. »

L'hypothèse est simple. Paul est cohéritier ou copropriétaire avec Pierre ; Pierre a engagé sur son droit une contestation avec Jean ; Paul se rend acquéreur du droit réclamé par Pierre ; Jean ne peut exercer le retrait contre lui.

Nous avons à peine besoin d'observer que cette hypothèse n'a rien de commun avec la loi *Per diversas* qui exceptait d'une règle posée, pour les cessions de créances, la cession faite par un cohéritier à l'autre de sa part nécessairement divise dans la créance héréditaire (2). La première exception de l'art. 1701

(1) Exposé des motifs, Fenet, t. XIV, p. 140.

(2) Aussi sommes-nous étonné de trouver chez M. Troplong cette phrase : « Voilà le cas précis de la constitution d'Anastase (n° 1005), » quand, au n° 985, l'illustre magistrat reconnaît qu'Anastase ne s'est occupé que des

dérive de l'interprétation donnée à cette loi par notre ancienne jurisprudence.

La loi suppose la cession faite par un cohéritier à l'autre. Les jurisconsultes se demandent s'il faut appliquer la même exception au cas où c'est un étranger, plaidant contre le cohéritier ou copropriétaire, qui est l'auteur de la cession. M. Duranton admet l'affirmative, pour obéir au texte de l'art. 1701. M. Troplong rappelle que l'ancien droit autorisait le retrait dans cette hypothèse, et pense avec raison que les rédacteurs du Code n'ont pas eu l'intention d'y déroger. Si le cohéritier ou copropriétaire agit dans l'intérêt de ses cohéritiers ou des copropriétaires du même objet, ceux-ci, en prenant leur part dans son marché, remplissent ses intentions. S'il n'a que son propre intérêt en vue, c'est un acheteur de procès ordinaire, il mérite même moins de faveur qu'un acheteur ordinaire; car il manque aux devoirs que lui impose sa position spéciale envers ceux qui sont soumis à l'action cédée (1). M. Duvergier (2) adopte le système de M. Troplong et soutient qu'il est conforme au texte de l'article; il fait observer très-judicieusement que le codébiteur n'est pas le copropriétaire du droit cédé, et, par conséquent, ne peut se prévaloir de l'exception.

La Cour de cassation dit très-bien « que le cas où, d'après l'art. 1701, § 1, C. civ., la faculté d'exercer le retrait cesse, est le cas où celui qui a des droits indivis à la propriété d'un immeuble acquiert de son copropriétaire des droits pareils au sien pour sortir de communauté et soutenir seul le procès engagé par un tiers (3). » De cette idée, la Cour tire la consé-

cessions de créances. M. Marcadé s'exprime ainsi : « Le droit romain et notre ancien droit déclaraient *catégoriquement* qu'il ne s'agissait que de la cession faite à ce cohéritier ou copropriétaire *par son cohéritier ou copropriétaire* (l. c., n° 3). » Telle n'est pas l'hypothèse prévue par la loi *Per diversas* quand elle parle du cohéritier, et elle ne parle même pas du copropriétaire. M. Dalloz (n° 2018) remarque bien que le copropriétaire n'est pas nommé par Anastase. Mais il semble donner à l'exception de la loi *per diversas*, en ce qui touche les cohéritiers, la même étendue qu'à celle du Code.

(1) N° 1005

(2) N° 392.

(3) Req. 22 juillet 1851 précité. Les derniers mots de cette phrase nous paraissent inexacts et ne sont pas d'accord avec la jurisprudence de la Cour,

quence que, si un droit étant réclamé à la fois par trois personnes, la première le cède à la seconde, la troisième peut exercer le retrait (1).

87. — *Deuxième cas.* « 2° Lorsque la cession a été faite à un créancier en paiement de ce qui lui est dû. »

Le tribunal d'appel de Lyon s'était prononcé contre cette exception, en disant que « le créancier ne peut avoir plus de droit que son débiteur de troubler l'union et le repos d'une famille, de dévorer une hérédité par une discussion (2). » Elle n'en a pas moins été maintenue. Le créancier qui veut recouvrer sa créance a une cause légitime d'acquisition.

Il faut que les parties n'aient pas cherché à frauder la loi, en créant une dette, pour déguiser la cession de droits litigieux sous l'apparence d'une dation en paiement. Celui contre lequel les droits auraient été cédés pourrait démontrer la fraude pour exercer le retrait (3).

Le cas où le créancier qui reçoit en paiement le droit litigieux a de plus une soulte à payer au cédant présente une difficulté analogue à celle que nous avons rencontrée dans le cas où ce droit fait l'objet d'une donation avec charge. L'acte sera-t-il considéré comme une dation en paiement, et, à ce titre, rangé dans les exceptions, ou traité comme une vente et soumis à la règle? Selon M. Duvergier (4), il faut encore ici rechercher l'intention des parties, pour appliquer la règle ou l'exception, selon qu'elles ont eu réellement et principalement en vue, soit une vente, soit une dation en paiement. Il serait peut-être plus conforme aux principes généraux du droit d'admettre, *a priori*, la sincérité de l'acte fait par les parties, sauf à celui qui voudrait exercer le retrait à prouver la fraude commise contre la loi.

en ce qu'ils semblent admettre le retrait contre une cession faite par le possesseur.

(1) Cf. MM. Aubry et Rau, *l. c.*

(2) Fenet, t. IV, p. 191. On croirait cette observation faite pour le retrait successoral, non pour le retrait litigieux. C'est que dans l'ancien droit le premier était regardé comme une partie ou comme une conséquence du second, nous l'avons dit.

(3) M. Duranton, t. XVI, n° 540. M. Duvergier, n° 394. Marcadé, *l. c.* D. A. n° 2030.

(4) N° 395. — Cf. M. Duranton, *l. c.* D. A. n° 2030.

88. — *Troisième cas.* « Lorsque la cession a été faite au possesseur de l'héritage sujet au droit litigieux. »

Le tribunal d'appel de Lyon avait encore demandé la suppression de cette exception par les motifs suivants : « Si l'acquéreur du droit litigieux est seul propriétaire de l'héritage soumis à son action, tout est terminé; personne n'a intérêt, n'a droit d'exciper contre lui de la disposition de l'art 117 (du projet). S'il n'est que copropriétaire d'une partie, il est ou cohéritier ou associé, et les règles de ces contrats rendent son acquisition commune à ses copropriétaires, s'ils le veulent (1). »

L'utilité de la disposition se montre dans plusieurs exemples. On peut supposer qu'un possesseur, menacé par deux revendications distinctes, se fait céder le droit de l'un des revendiquants (2), qu'il se fait céder un droit litigieux d'usufruit, d'emphytéose ou de superficie, pour l'opposer au revendiquant. La cession d'un bail litigieux peut n'être pas comprise dans l'article; parlant d'un héritage *sujet au droit litigieux*, il semble qu'il suppose un droit réel. Le seul cas pour lequel doive être invoquée l'autorité de la loi *Per diversas* est celui où le possesseur se rend acquéreur d'une créance litigieuse munie d'une hypothèque sur le fonds qu'il possède.

Il a été jugé par la Cour de cassation que l'exception ne s'applique pas, quand la qualité de possesseur est elle-même contestée à l'acquéreur d'un droit litigieux (3). Sur quel motif se fonde cette décision? Ne semble-t-il pas qu'il faille subordonner la question au jugement à intervenir sur la possession? S'il est reconnu que l'acquéreur était vraiment possesseur, pourquoi ne pourrait-il pas profiter de l'exception? Le litige élevé sur l'existence du droit en vertu duquel il réclame une position exceptionnelle doit être sans influence sur la demande de retrait.

89. — On sait qu'Anastase, dans la loi *Per diversas*, et Po-

(1) Fenet, l. c.

(2) Mais il ne faut pas dire, avec M. Troplong (nº 1008), que cette exception était prévue dans la loi *Per diversas*. On sait, du reste, que les grands jurisconsultes du seizième siècle croyaient aussi l'y trouver, tout en déclarant que la loi était faite pour les cessions de créances.

(3) Arrêt du 22 juillet 1851 précité.

thier, d'après lui, indiquaient quatre exceptions. Le Code n'en admet que trois. Il omet celle qui était introduite pour le légataire, recevant de l'héritier, en paiement de son legs, quelque droit litigieux de la succession. Est-ce à dessein? Cette exception est la seule que Pothier rapporte sans prendre le soin de la justifier, peut-être parce qu'il jugeait la démonstration inutile, la nécessité de la cession étant évidente. Il est possible que les rédacteurs du Code aient cru devoir l'omettre à cause de ce silence, sans chercher pourquoi Pothier l'avait gardé. Du reste, la transmission par legs est une espèce de donation, surtout dans un Code où le legs est appelé donation testamentaire. Si elle n'est pas formellement exceptée de la règle, on peut dire qu'elle n'y est pas comprise, dans le cas où c'est le droit litigieux lui-même qui est légué. Le cas où le légataire d'une somme d'argent recevrait en paiement un droit ou action litigieux n'offre pas plus de difficulté. Ce légataire doit être traité comme tout créancier.

90. — Tous les jurisconsultes admettent, d'après Pothier, qu'il faut faire une exception de plus pour l'hypothèse où le droit litigieux est compris dans la cession d'un immeuble de droits ou d'un droit principal; les motifs de la loi ne s'y appliquant pas, la loi ne doit pas s'y appliquer non plus.

III. — *De l'exercice du retrait.*

91. — « Celui contre lequel on a cédé un droit litigieux peut s'en faire tenir quitte par le cessionnaire en rendant celui-ci indemne (art. 1699). » C'est ce que Portalis, dans l'*Exposé des motifs*, appelle *racheter la cession et se subroger au cessionnaire.*

Il faut que le cessionnaire soit indemne. Dans le projet, l'art. 117 se terminait ainsi : « En lui remboursant le prix réel de la cession avec les intérêts *depuis sa date* (1). » Le Tribunal de cassation proposa la rédaction qui fut définitivement adoptée; il y indiquait une addition : « Avec les frais et loyaux « coûts, » et une modification : « et avec les intérêts *à compter du jour où le cessionnaire a payé le prix de la cession à lui faite* (2). »

(1) Fenet, II, 319.
(2) *Id.* II, 120.

92. — L'indemnité comprend : 1° Le prix réel. Faure a pris soin de dire au Tribunat : « Si celui qui veut rembourser prouve que le prix énoncé dans l'acte portant cession n'est pas le prix véritable et que ce qui a été payé est inférieur au prix apparent, il en sera quitte pour rembourser la somme réellement payée, quelque modique qu'elle soit (1). » Les expressions du tribun ne sont pas tout à fait exactes. On pourrait en conclure que le prix payé réellement doit seul être remboursé, non celui qui serait encore réellement dû en vertu d'un acte sérieux : telle était la règle contenue dans la loi *Per diversas*. Notre ancien droit, qui ne l'appliquait pas dans la matière des retraits, l'avait abandonnée dans celle de la cession de droits litigieux. Elle n'a pas été rétablie par le Code. Ce n'est pas seulement le prix payé, c'est encore le prix réellement dû qui est à rembourser.

Il est d'autant plus nécessaire de restreindre au prix réel le remboursement dû par le retrayant, que le cédant et le cessionnaire peuvent être disposés à enfler le prix apparent pour empêcher ce retrait. C'est un cas à mettre à côté des cas déjà indiqués où le retrayant prouvera la fraude commise contre la loi.

Si le droit litigieux avait fait l'objet d'un échange, non d'une vente, le prix réel serait remplacé par la valeur estimative de l'objet dont se serait dessaisi l'acquéreur de ce droit.

La cour de Lyon a repoussé une demande en retrait parce que l'évaluation d'une partie du prix était impossible à faire : « Attendu que... les mariés Gradaloup... ne pourraient même faire aucune offre en ce qui concerne le revenu de la moitié du bénéfice qui peut résulter de l'action intentée, lequel forme cependant une partie intégrante et principale du prix, puisqu'en l'état et tant que l'instance ne sera pas vidée, il est impossible d'évaluer la somme pour laquelle cette réserve est entrée dans le prix de la transmission (2). » Une telle doctrine donnerait aux parties un moyen très-simple d'éluder la loi.

Une question très-délicate se présente, quand le cessionnaire des droits litigieux en a fait lui-même une seconde ces-

(1) *Id.* XIV, 156.
(2) 22 déc. 1851, sous req. 21 déc. 1855 précité.

sion, pour un prix différent. Que doit rembourser le défendeur qui exerce le retrait après la seconde cession? Est-ce le prix de la première, est-ce le prix plus ou moins élevé de la seconde?

La question est examinée par M. Labbé dans un travail général sur les retraits (1), par M. Demolombe (2) et par la plupart des auteurs à l'occasion du retrait successoral. Ils donnent tous une solution empruntée à l'ancienne matière du retrait lignager.

Pothier disait : « L'action en retrait que le lignager de mon vendeur exerce contre Pierre (deuxième cessionnaire) est la même action qu'il a droit d'exercer contre moi (premier cessionnaire), dont Pierre est tenu comme possesseur de l'héritage qui y est affecté (3). » Telle est la décision qui est généralement donnée aujourd'hui.

Il y a au moins un élément d'analogie qui fait défaut. Nous ne pouvons regarder l'acheteur de droits litigieux comme tenu en qualité de possesseur de l'héritage affecté au retrait.

Ajoutons que, l'ancienne jurisprudence n'ayant pas compris la subrogation aux droits litigieux parmi les retraits, ne l'ayant pas assimilée au retrait lignager, le seul souvenir d'une règle établie en matière de retrait lignager ne suffit pas pour la faire admettre en matière de retrait litigieux.

L'autorité historique fait défaut au système proposé d'après Pothier. Il s'appuie sur le raisonnement suivant : « L'acheteur exposé au retrait ne transmet en revendant qu'un droit sujet à la même cause de résolution. La revente ne modifie pas la position et les droits du retrayant, elle ne saurait lui imposer de payer une somme plus considérable. Par contre, elle ne lui profite pas en diminuant ce qu'il doit rembourser. Sur ce point les auteurs sont d'accord : c'est une conséquence de nos principes (4). »

Sans doute, la cause de résolution affecte les droits litigieux après la seconde cession comme après la première. Il

(1) *Revue critique*, t. VI, n° 28.
(2) *Traité des successions*, t. IV, n° 110.
(3) *Traité des retraits*, n° 341.
(4) M. Labbé, *l. c.*

ne s'ensuit pas que l'indemnité due au retrayé soit la même. Le retrayant n'a pas une *position*, des *droits*, tant qu'il n'a pas demandé le retrait : il n'a qu'une faculté (1). Le retrait est le droit d'écarter un étranger : lequel? Celui qui se présente ou peut se présenter actuellement. Le moyen consiste à se faire subroger à un marché : auquel? n'est-ce pas à celui qui permet à cet étranger de se présenter? La loi pose ce principe que le cessionnaire écarté soit indemne. Se reporter au premier contrat, c'est lui attribuer plus ou moins qu'il n'a promis ou payé, trop ou trop peu. La décision de Pothier se justifie par deux raisons propres au retrait lignager : en premier lieu, l'ancien droit craignait beaucoup qu'on ne cherchât à éluder le retrait lignager et tenait à en assurer aux familles le libre exercice : en second lieu, il était impossible de savoir si, dans la plupart des cas, la seconde cession se ferait à un prix plus ou moins élevé que la première; on ne pouvait être arrêté par la crainte de causer un préjudice au retrayant. Il n'est pas aussi nécessaire de protéger l'exercice du retrait litigieux que celui du retrait lignager, qui entravait presque toutes les ventes d'immeubles. De plus, il ne faut pas oublier combien les objets des deux ventes sont différents, d'une part un immeuble qui a sa valeur déterminée, connue : d'autre part, des droits litigieux dont l'émolument est fort incertain; c'est cette incertitude même qui est le motif de la vente. La plupart du temps le premier vendeur ne revendra lui-même qu'à perte, s'apercevant qu'il avait mal calculé : les droits litigieux se seront encore dépréciés en passant par ses mains. On peut donc affirmer d'avance et d'une manière générale que le prix de la deuxième cession sera inférieur à celui de la première : c'est le retrayant qui supportera la différence, si la nécessité de la supporter ne l'empêche pas d'exercer son droit; le cessionnaire contre lequel il l'exercera ne sera pas seulement indemnisé, ce que demande la loi; il aura un bénéfice. Nous croyons que c'est le prix de la seconde cession qui doit être remboursé. Cette décision

(1) La cour de Caen dit, à propos du retrait successoral : « Considérant que le droit exceptionnel accordé aux héritiers par l'art. 841 n'est pour eux que facultatif, qu'il ne leur est par conséquent acquis que du jour où ils en font usage dans les formes autorisées par le droit. »

n'est-elle pas conforme au principe que le retrait « doit régulièrement ne se passer qu'entre le retrayant et le retrayé (1)? »

Elle nous dispense de rechercher ce que devient la différence entre les prix des deux cessions. Est-elle toujours pour le second cessionnaire, que le prix de la première cession soit plus fort ou plus faible (2)? Est-elle toujours pour le premier cessionnaire (3)? Enfin est-elle pour le second, quand elle lui apporte un bénéfice, le prix de la première cession qui lui est remboursé étant plus élevé que celui de la seconde, par lui déboursé, pour le premier, quand il en résulterait un préjudice pour le second qui aurait payé un prix plus fort et en recevrait un plus faible (4)? Si nous avions un choix à faire entre ces trois systèmes, c'est le premier que nous adopterions.

93. — 2° Les intérêts soit du prix réel, soit de la valeur estimative de la chose donnée en échange.

L'article indique le jour où le cessionnaire a payé le prix de la cession comme étant le point de départ des intérêts. Cette indication s'applique également aux sommes payées avant l'exercice du retrait et à celles qui, étant encore, lors de cet exercice, à la charge du cessionnaire, sont plus tard acquittées par lui. Quant à ces dernières, si le retrayant les paie directement au cédant, il ne peut plus être question d'intérêts dus par lui au cessionnaire. Quant aux premières, M. Duvergier propose une distinction (5). Comme la cession n'a d'effet à l'égard d'un débiteur qu'en vertu de la signification, le paiement n'est réputé fait et les intérêts ne doivent courir que du jour où cette signification a lieu. Par une antidate donnée à la cession, le cédant et le cessionnaire pourraient faire remonter indûment le cours des intérêts. Tout se fût-il passé loyalement, le débiteur aurait le droit de dire qu'il eût exercé plus tôt le retrait en opérant le remboursement, s'il avait connu la cession. Le savant auteur n'excepte

(1) M. Demolombe, *l. c.*, n° 111.
(2) *Idem.*
(3) M. Labbé, n°s 29-31.
(4) Pothier, *Traité des retraits*, n° 342.
(5) N° 383.

que le cas où le débiteur place lui-même la cession avant la signification, par exemple pour soutenir qu'elle a eu lieu à un moment où le procès était encore pendant.

Nous avons soutenu que le caractère litigieux des droits cédés ne rend pas nécessaire la signification du transport. Écartons cette question. Supposons la cession d'une créance litigieuse. Dans cette hypothèse même la doctrine que nous venons d'exposer nous semble inadmissible. Elle est contraire au texte de l'article : « à compter du jour où le cessionnaire a payé, » à l'esprit de la loi qui veut rendre ce cessionnaire complétement indemne. Admettons que la cession soit présumée à l'égard du débiteur faite lors de la signification; cette présomption ne s'étend pas nécessairement au paiement du prix de la cession. Elle est faite pour protéger, soit le débiteur, soit les tiers, contre les conséquences de l'ignorance où ils seraient sur le fait du transport : idée entièrement différente de celle qui a présidé à la rédaction de l'art. 1699. Que fait d'ailleurs le débiteur? Il prend la place, il acquiert le marché du cessionnaire; c'est un droit exorbitant que le sien, mais du moins ne faut-il pas le rendre plus exorbitant encore, en lui permettant de cumuler deux avantages contradictoires. Enfin, si l'on n'admet pas que la cession de droits réels litigieux doive être signifiée, il est évident que le retrait auquel elle donne lieu est soumis purement et simplement à la règle de l'art. 1699. Mais cette règle pourrait-elle avoir deux sens, selon qu'elle s'appliquerait à une cession de créance ou à un transport de droits réels?

C'est à partir du jour où le paiement a eu lieu que les intérêts sont dus, mais c'est au cessionnaire, réclamant un droit, à prouver qu'il est fondé, en établissant, conformément au droit commun, qu'il a payé tel jour (1).

Les intérêts sont calculés sur le prix réel, et courent jusqu'au remboursement effectif ou jusqu'aux offres réelles (2).

94. — 3° Les frais et loyaux coûts.

Cette expression générale comprend 1° les frais de contrat; 2° les sommes payées au trésor; 3° les frais judiciaires faits par le cessionnaire depuis le moment de la cession pour con-

(1) M. Doublet, *l. c.*, p. 176.

(2) M. Duvergier, n° 384.

tinuer l'instance. Il faut observer que, si les parties ont indiqué dans l'acte un prix apparent supérieur au prix réel, les droits de mutation ayant été calculés sur le premier, le retrayant remboursera seulement la somme qui aurait dû être perçue après le second. Il n'est astreint à rendre que les loyaux coûts (1). M. Doublet (2) remarque avec raison que le cédé ne serait pas tenu de rembourser les frais judiciaires faits postérieurement à la cession, si celle-ci lui avait été cachée. En exerçant le retrait plus tôt, il les eût empêchés. Ils n'ont pas été faits loyalement.

95. — L'art. 1699 parle de *remboursement*. Faut-il que la personne contre qui un droit litigieux est cédé acquitte préalablement toutes les obligations mises à sa charge par l'article 1699, pour obtenir le retrait soit de gré à gré, soit devant la justice?

Tel paraît être le sens naturel de l'article. Le retrait serait regardé, non comme une cause productive d'obligations, mais comme un fait qui devrait être immédiatement consommé, l'obligation ne pouvant pas naître à la charge du retrayant, pas plus que l'acheteur n'en contracte, lorsqu'il paie comptant le prix de la vente.

Mais tous les auteurs enseignent, conformément à l'ancienne jurisprudence, que le retrayant n'est tenu ni de rembourser immédiatement ni même de faire des offres réelles. Il devient débiteur du cessionnaire, pour toutes les sommes payées par lui avec intérêts à partir du jour du paiement. Quant à celles dont le cessionnaire lui-même demeure redevable envers le cédant, le retrayant est obligé soit à les lui rembourser après paiement, soit à les acquitter pour lui (3). Mais on ne peut exiger qu'il en rapporte une décharge immédiate, qu'il renonce aux termes de paiement indiqués dans l'acte de cession (4).

Cette manière de comprendre l'obligation du retrayant

(1) M. Duranton, t. XVI, n° 549. M. Troplong, n° 1002. M. Duvergier n° 387, et arrêts cités par ces auteurs.

(2) *Loc. cit.*, p. 175.

(3) V. notamment M. Duvergier, n° 385.

(4) C'est ce que l'ancien droit exigeait en cas de retrait lignager; voir notamment Pothier, *Traité des retraits*, n°s 297 et 301.

s'accorde avec l'esprit d'une législation qui donne au cessionnaire le droit de réclamer même les sommes dont il est encore débiteur envers le cédant.

Si le retrait s'exerce de gré à gré, c'est aux parties à s'accorder sur le délai et sur les conditions du remboursement. S'il est demandé aux juges, il semble que ceux-ci aient à fixer le délai dans lequel il doit avoir lieu, quand le cessionnaire en fait la demande. En outre « la justice imposera, s'il y a lieu, au retrayant de donner au vendeur des garanties; sinon celui-ci, déchu du bénéfice du terme (1), devra payer tout le prix immédiatement (2). »

90. — L'ancienne jurisprudence se demandait à quel moment devait être réclamée la subrogation. La même question se pose dans notre législation.

Il s'agit d'un retrait de droits litigieux. Pour qu'il soit admissible, il faut que les droits aient été litigieux quand ils ont été cédés, il faut qu'ils le soient encore lorsque l'art. 1699 est invoqué; autrement ce serait un retrait de droits constants et liquides.

Il semble qu'il faille encore trancher cette question au moyen de la règle posée par l'art. 1700.

En premier lieu, on exige que le procès dure encore; la cour de Liége demande « que le retrait éteigne le procès existant, » en faisant observer « que tel est un des motifs qui a fait admettre cette disposition (3). »

Tant que dure le procès, le retrait peut être exercé. Il est permis de le réclamer en tout état de cause, même en appel (4), même par voie d'appel incident, et, si le cessionnaire objectait que cette réclamation forme une demande nouvelle, le retrayant lui répondrait, avec l'art. 464 C. proc., que c'est une défense à l'action principale. Ainsi la défense au fond

(1) Soit du terme qui lui serait accordé à lui-mêm[illegible]r le remboursement prescrit par l'art. 1699, soit du terme fixé par l'acte de cession pour le paiement que doit faire le cessionnaire et qui retombe, directement ou indirectement, à la charge du retrayant.

(2) M. Labbé, *Etude sur les retraits* (*Revue critique*, t. VI, n° 14).

(3) Liége, 2 déc. 1841. D. A. n° 2040.

(4) MM. Troplong, n° 999; Duvergier, n° 376. — Voir plusieurs arrêts cités D. A. n° 2041.

sur cette action n'est pas considérée comme une renonciation au retrait.

Dès lors il nous est difficile d'admettre une décision empruntée à Pothier par les auteurs modernes (1). Pothier enseignait, nous l'avons dit, que le retrait ne pouvait être obtenu, si le cessionnaire avait mis le procès en état d'être jugé, après avoir procédé à une longue instruction et levé tous les doutes sur l'existence du droit cédé, surtout quand le jugement à intervenir devait être en dernier ressort. Doctrine parfaitement exacte, au moins dans l'ancien droit où les tribunaux, sans être enchaînés par une définition restrictive des droits litigieux, protégeaient les défendeurs éventuels ou actuels contre la mauvaise foi, contre les cessions, fussent-elles antérieures au procès commencé, si elles étaient faites dans une pensée vexatoire, mais en même temps se gardaient de protéger la mauvaise foi de ces mêmes défendeurs, attendant que leur démonstration fût détruite pour réclamer la subrogation à des droits moralement certains. Ce pouvoir d'appréciation n'existe plus : il pouvait donner lieu à des procès que les rédacteurs du Code ont voulu prévenir; d'où l'art. 1700. La doctrine de Pothier aurait cette conséquence qu'un procès particulier s'élèverait sur cette question : à quel point en est la contestation? Il en serait comme du cas où il faudrait procéder à un examen de la cause pour déterminer si le droit était litigieux au moment de la cession.

M. Troplong pense qu'on pourrait toujours fonder cette doctrine « sur une présomption de renonciation autorisée par la conduite du débiteur. » Cette opinion tendrait à faire demander que le retrait fût toujours réclamé *in limine litis*, car la conduite du débiteur qui permettrait toujours de présumer la renonciation, ce serait la défense au fond. Mais il est admis par tous, notamment par M. Troplong, que le retrait peut être demandé en tout état de cause, même en appel, même sur renvoi après cassation. Ce que demandent Pothier et M. Troplong, c'est que le cessionnaire ait levé tous les doutes et que le procès soit à la veille d'être jugé. Mais comment tirer d'actes faits par le cessionnaire demandeur une présomp-

(1) MM. Troplong, *eod.*; Duvergier, 377; Doublet, *l. c.*, p. 169.

tion contre le défendeur, et une présomption de renonciation?

Au contraire, les auteurs ont raison de décider, avec la Cour de cassation (1), que le défendeur ne peut demander le retrait par des conclusions subsidiaires pour le cas où la demande serait accueillie. C'est subordonner l'exercice du retrait à cette circonstance que le droit cesse d'être litigieux; de telles conclusions sont contradictoires entre elles, et la demande subsidiaire doit être rejetée.

On peut être embarrassé pour savoir quand le procès est terminé. Est-ce par un jugement en dernier ressort ou par un arrêt? Faut-il attendre l'expiration du délai accordé pour le pourvoi en cassation? Tout au moins le pourvoi formé n'a-t-il pas pour effet de conserver ou de rendre au droit cédé son caractère litigieux? Sur tous ces points, nous nous référons à ce que nous avons dit plus haut à propos de l'art. 1700. Il faut observer que, si le pourvoi rouvre le litige, qui n'était pas resté ouvert de droit jusqu'à l'expiration du délai, il dépend entièrement d'un défendeur condamné en dernier ressort de recouvrer son droit au retrait, il n'a qu'à se pourvoir. Il est vrai qu'un pourvoi coûte cher; mais, si les frais qu'il nécessite n'atteignent pas la différence entre le montant du droit cédé et le prix de la cession, le défendeur condamné trouve un avantage évident à faire cette dépense qui lui permet, soit d'opérer une diminution plus forte sur un paiement, soit de retenir un droit d'une valeur plus considérable que le prix de la cession et les frais du pourvoi réunis. Il est bizarre qu'un fait potestatif du défendeur condamné fasse perdre au demandeur le profit de la condamnation. Cependant, sous l'empire de l'art. 1700, il nous paraît impossible que les tribunaux, dans une telle hypothèse, repoussent la demande en subrogation comme recouvrée par une manœuvre frauduleuse : c'est par l'exercice d'une faculté légale que le défendeur condamné recouvre une autre faculté perdue par lui. La loi ne peut taxer de fraude l'usage des facultés qu'elle accorde.

97. — Pour éluder l'art. 1699, le cédant et le cessionnaire

(1) Req. 8 mars 1832. D. A., n° 2012. Bourges, 19 févr. 1838. D. A., v° *Appel incident*, n° 159. — Req. 3 févr. 1868; D. P. 68, 1, 396.

pourraient recourir à une fraude; le premier suivrait le procès jusqu'à la fin, ou le second le continuerait, mais seulement à titre de mandataire; la cession n'apparaîtrait qu'après le procès terminé, à un moment où, le droit n'étant plus litigieux, le retrait ne serait plus admissible. Les arrêts (1) et les auteurs (2) décident avec raison que le défendeur condamné peut faire la preuve de la fraude et réclamer le retrait. Il est vrai que le droit est désormais certain et que le défendeur a tout bénéfice à se faire subroger. Mais les parties qui ont commis une fraude ne peuvent se plaindre de ce qu'elle tourne contre elles (3).

Pour que ce droit soit perdu par le cédé, la cour de Rouen exige que la cession ait été « légalement connue par une signification (4). » Les arrêts de la Cour de cassation, 5 janvier 1820, et de la cour de Bordeaux, 6 juillet 1836, parlent également de la signification. Devons-nous en conclure que, si le défendeur avait connu autrement la cession du droit litigieux, il n'en pourrait pas moins exercer le retrait? Cette conclusion est légitime, si l'on admet que la signification du transport est nécessaire pour toute espèce de droits litigieux; elle est certainement exacte pour le cas où l'objet de la cession est une créance. Au contraire, si l'on admet que les droits dont le transport doit être signifié sont les droits de créance,

(1) D. A. n° 2044. Alger, 8 juin 1863; D. P. 63, 2, 141.

(2) M. Troplong, n° 988. M. Duvergier, n° 378. Marcadé, *l. c.* MM. Aubry et Rau, *l. c.*, note 18. — M. Doublet, *l. c.*, p. 170 et 171, examine avec détail les conséquences de cette dissimulation.

(3) M. Doublet, *l. c.*, p. 171, pense que, si le jugement est rendu, mais non exécuté, le cédé peut former une demande principale en retrait, que, si l'exécution a déjà eu lieu, il doit recourir à la requête civile, en vertu de l'art. 480-10° C. pr. : « Si, depuis le jugement, il a été recouvré des pièces décisives, et qui avaient été retenues par le fait de la partie. » L'acte de cession serait regardé comme une pièce décisive. Nous croyons que la demande principale est la seule voie possible dans les deux cas, 1° parce que la requête civile est un moyen d'attaquer les jugements, non l'exécution des jugements; 2° que le cédé qui exerce le retrait ne demande pas aux juges de rétracter leur sentence; 3° que l'acte de cession ne saurait être regardé comme une pièce décisive, ne touchant en rien au fond du droit. Si la cession avait été verbale, le cédé n'aurait-il donc aucun moyen d'agir?

(4) D. A., *l. c.*

il est évident qu'il faut la rejeter pour les droits réels. Le défendeur se plaint, non du défaut d'une formalité légale et indispensable, mais d'une fraude; or, on ne peut se plaindre d'une fraude que si l'on en a souffert, si l'on a été trompé. Il serait donc permis au cessionnaire de prouver que le défendeur avait connu la cession d'une manière quelconque (1).

La cour d'Alger, dans l'arrêt que nous venons de citer, refuse le retrait à un défendeur qui a connu la cession avant l'arrêt définitif, sans rechercher comment il a acquis cette connaissance. L'arrêt ne s'explique pas sur la nature des droits réclamés dans l'espèce.

98. — Le litige doit porter sur le fond du droit. Si un jugement est rendu au fond, s'il est ou s'il devient inattaquable, et qu'un débat s'engage ensuite sur l'exécution, le défendeur qui s'est laissé condamner a perdu le droit de réclamer la subrogation.

99. — Qui peut exercer le retrait? Les créanciers du cédé ont-ils le droit de l'invoquer à sa place, conformément à l'art. 1166?

La question s'est présentée devant la Cour de cassation, qui l'a résolue en ces termes : « Considérant que le retrait litigieux n'a été introduit qu'en faveur du débiteur, et que, s'il est vrai, en droit, que le retrait litigieux puisse être opposé en tout état de cause, ce principe n'est vrai qu'à l'égard du débiteur lui-même ou de ses représentants légaux; que Chassinat (Adolphe), demandeur en retrait litigieux, n'est qu'un créancier; qu'ainsi c'est avec raison que la cour royale a décidé que cette demande, formée en appel pour la première fois, n'était pas recevable (2). »

Cet arrêt, confus malgré sa brièveté, paraît contenir deux propositions : 1° Les créanciers ne peuvent exercer le retrait litigieux au nom de leur débiteur; 2° du moins ne peuvent-ils le demander en appel. Toutes deux nous paraissent inexactes.

L'art. 1166 pose un principe général : « Les créanciers peuvent exercer tous les droits et actions de leur débiteur. » Quand la loi accorde une faculté à une personne, loin de sup-

(1) V. cependant M. Doublet, *l. c.*, p. 168.

(2) Req. 6 juillet 1847. Rap. M. Troplong; D. P. 47, 4, 126.

poser qu'elle seule puisse s'en prévaloir, on doit penser qu'il est permis à ses créanciers de l'exercer pour elle. L'article réserve les droits exclusivement attachés à la personne; mais le retrait litigieux est-il du nombre? Exige-t-il une appréciation morale pour laquelle la conscience du cédé soit seule compétente? Il serait permis de le soutenir, en disant que le retrait peut produire la réduction d'une dette réellement existante, la confirmation d'une prétention mal fondée à la propriété, que c'est au cédé seul à voir s'il doit réclamer l'une ou l'autre. Mais, avant la cession, il y a contestation sur le fond du droit; le défendeur commence par affirmer l'inexistence de la dette ou la réalité de son droit de propriété; ainsi, ne tirons pas un argument de ce que le retrait ferait violence à sa délicatesse. En outre, si le législateur a vu quelqu'un avec défaveur, c'est le cessionnaire; il n'a pas pensé que le retrait pût donner lieu à des scrupules. Le cessionnaire ne doit-il pas être indemne? La loi a fait du retrait un droit pécuniaire, qui rentre dans le principe, non dans l'exception, et peut être exercé par les créanciers. L'ancien droit avait, sans difficulté, permis à la caution de requérir la subrogation (1).

Si les créanciers ont la faculté de demander le retrait, nous ne voyons aucune raison de les traiter autrement que leur débiteur et de les déclarer forclos quand la cause est en appel. Le droit ne change pas de nature, parce que l'affaire est portée devant la juridiction du second degré.

IV. — *Caractère et effets du retrait.*

100. — Le défendeur prend la place du cessionnaire : personne est substituée à une autre dans un marché conclu par celle-ci.

Ce n'est plus, en effet, la loi *Per diversas*, exclusivement faite pour les créances, que nous pouvons appliquer, l'acquéreur d'une créance ne subit plus une déchéance partielle. La loi d'Anastase nous est parvenue profondément modifiée par notre ancien droit; la déchéance partielle d'action était

(1) Cf. dans le même sens, M. Doublet, *l. c.*, 118.

devenue un retrait; or c'est le principe de l'ancien droit que les rédacteurs du Code ont voulu maintenir.

M. Labbé, dans sa savante *Étude sur les retraits*, à laquelle nous avons déjà renvoyé, M. Mourlon, dans son *Traité théorique et pratique de la transcription* (1), que se rappellent assurément les lecteurs de cette Revue, ont fait très-bien ressortir le caractère des retraits. Nous ne recommencerons pas leur travail. Nous citerons seulement ces deux phrases, l'une de Dumoulin, l'autre de Pothier : *Retrahens... in ejus (emptoris) locum duntaxat, velut translato in aliam tamen personam contractu, debet subrogari* (2). » — « Le droit de rétrait n'est autre chose que le droit de prendre le marché d'un autre et de se rendre acheteur à sa place. Il ne tend pas à rescinder et détruire le contrat, mais à subroger en tous les droits résultant du contrat la personne du retrayant à celle de l'acheteur sur qui le retrait est exercé (3). » Nous rappellerons aussi le parallèle exact que M. Labbé fait entre le retrait et la déclaration de command.

L'ancien droit, nous l'avons dit, se servait du mot *subrogation* en notre matière. Pothier finit par employer avec hésitation le mot *retrait*. L'un et l'autre semblent avoir le même sens.

C'est aussi le mot *subroger* que nous trouvons dans l'*Exposé des motifs* de Portalis, sans doute avec la signification et la force qu'il avait dans l'ancien droit.

Nous examinerons successivement l'effet du retrait sur les rapports du cessionnaire et du retrayant, et sur ceux du cédant, soit avec le retrayant, soit avec le cessionnaire.

101. — *Rapports du cessionnaire et du retrayant*. Le retrayant, ne faisant que se substituer au cessionnaire, n'est pas l'ayant-cause de celui-ci. Il n'y a pas de transport entre eux.

Faisons une première application de cette idée au cas où c'est un droit de propriété litigieux qui a été cédé.

a. Si ce droit a pour objet un immeuble, la vente a dû être

(1) N° 64.

(2) Sur l'ancienne cout. de Paris, tit. I, § 33, gl. II, n° 83.

(3) *Traité des retraits*, n° 1. — Cf. M. Demolombe, *Traité des successions*, t. IV, n° 139, à propos du retrait successoral.

transcrite. Le retrait sera-t-il soumis également à la transcription? M. Troplong conseille de la faire opérer; le premier acte, selon lui (1), « ne contient pas le véritable acquéreur, depuis que je me suis substitué à autrui; il faut donc compléter la publicité par la transcription de l'acte de retrait. »

Si nous comprenons bien la pensée de M. Troplong, il considère le retrait comme le complément de la première vente, comme l'acte qui lui donne sa perfection et sa réalité; mais la vente transcrite était complète, le vendeur était dépouillé de sa propriété envers tous d'une manière certaine et définitive. En ce qui concerne les ayant-cause à venir du vendeur, peu importe le nom de l'acquéreur; tout ce qu'il faut, c'est qu'ils sachent qu'il y a un acquéreur. La transcription le leur apprend. Les ayant-cause à venir de l'acquéreur seraient intéressés à la transcription du retrait. M. Mourlon (2) paraît supposer que les tiers verront toujours sur le registre « qu'un droit litigieux entre deux parties a été cédé par l'une d'elles à un tiers; » dès lors « ils doivent savoir que l'acheteur dénommé dans l'acte pourra s'effacer par la suite, et y être remplacé par l'adversaire du cédant. » Il ajoute : « La publicité de la vente sert ainsi à la publicité de l'éventualité du retrait. Ceux-là seulement seront trompés qui manqueront de prudence. » Mais ne peut-il pas arriver que l'acte de vente ne fasse point mention du litige, surtout si l'on admet l'application de l'art. 1699 quand la vente est faite par le possesseur de l'objet litigieux, et c'est l'hypothèse où se place M. Troplong dans le passage que nous avons cité? Oui, le défaut de transcription peut nuire aux tiers, mais c'est une vérité banale que la transcription n'est pas faite pour donner aux tiers tous les renseignements dont ils ont besoin. Ils n'en peuvent attendre que sur les actes qui sont expressément indiqués par la loi; or, la loi ne parle pas des retraits. M. Mourlon remarque avec raison qu'il est d'autres faits, se rattachant aux mutations de propriété, intéressants à connaître, qui ne sont pas révélés par les registres du conservateur; par exemple, les procurations et autorisations nécessaires pour la validité

(1) *Commentaire de la loi du 23 mars*, n° 219.
(2) N° 65.

de la vente, l'exercice du réméré, une résolution à l'amiable dans le cas où le prix n'est pas payé.

b. N'étant pas ayant-cause du cessionnaire, le retrayant n'est pas tenu de respecter les actes faits par lui, les droits réels qu'il a constitués sur la chose cédée. Le droit du cessionnaire était affecté d'une condition résolutoire. Avec ce droit ont été résolus tous ceux qui en étaient nés et qui en dépendaient.

c. La confusion qui avait pu se produire disparaît. Les servitudes dues, soit au fonds du cessionnaire par le fonds litigieux, soit à celui-ci par celui-là, l'hypothèque, valablement établie au profit du cessionnaire sur le fonds litigieux, renaissent et sont censées n'avoir jamais cessé d'exister.

102. — Appliquons les mêmes principes à la cession de créance.

a. C'est ici qu'apparaît toute l'importance du changement qui s'est opéré dans la position faite au débiteur. Si le cessionnaire était seulement déchu de l'action pour partie, ce qu'il garderait de la créance aurait les mêmes caractères et procurerait les mêmes avantages que la créance entière ; caractère civil ou commercial, titre exécutoire, taux de l'intérêt, sûretés, telles que le cautionnement, le privilége ou l'hypothèque, rien ne serait changé ou perdu ; il n'y aurait que la mesure du droit qui serait diminuée.

Sans doute, avant le retrait, l'action reste la même, avec ses qualités et ses avantages, dans les mains du cessionnaire. Mais, une fois le retrait exercé, si le remboursement prescrit par l'art. 1699 n'est pas immédiatement opéré, c'est une créance toute nouvelle qui naît contre le retrayant, créance essentiellement civile, qui n'est munie d'un titre exécutoire que si le retrait a été accepté d'un commun accord dans un acte authentique, ou ordonné par jugement, productive d'intérêts au taux légal, et seulement à partir du jour où le prix a été payé au cédant, à laquelle des sûretés nouvelles peuvent être attachées, mais qui n'est pas garantie par les sûretés anciennes.

La créance originaire, en effet, est acquise par le retrayant ; la subrogation qu'il obtient opère confusion en lui, rétroactivement, depuis le jour où la cession a eu lieu.

b. Tous les faits juridiques qui ont eu lieu à la suite et à cause de la cession sont anéantis ; par exemple, la compensation opérée entre la créance cédée et la dette dont le cessionnaire était tenu envers le débiteur cédé ; du moins n'est-elle valable que jusqu'à concurrence du prix de la cession. Il en sera de même de la saisie-arrêt faite par les créanciers du cessionnaire ou de la cession par laquelle lui-même aurait transmis son droit à un tiers. Ce dernier acte peut cependant être regardé comme valable sur la demande du débiteur lui-même, s'il veut opérer le retrait contre le second cessionnaire, plutôt que contre le premier. C'est ce qu'il fera quand la seconde cession aura été faite à un moindre prix que la première.

103. — *Rapports du cédant, soit avec le retrayant, soit avec le cessionnaire.*

a. Quand il s'agit des rapports juridiques établis entre le cédant et le retrayant, il est impossible d'appliquer sans distinction les anciennes règles des retraits. Un retrayant était censé succéder immédiatement au vendeur; il était l'ayant-cause de celui-ci et devait supporter les droits établis par lui.

Au contraire, celui contre qui un droit litigieux a été cédé, usant de la faculté qui lui est accordée par l'art. 1699, ne se fait pas l'ayant-cause du vendeur. Il ne reconnaît pas le droit réclamé par celui-ci; le retrait n'est pas un acquiescement. Les droits établis par le cédant avant la cession sur la chose litigieuse, la saisie-arrêt faite par ses créanciers sur la créance litigieuse ne seront pas opposables au retrayant, ou du moins ceux qui s'en prévaudront devront prouver d'abord que la prétention du cédant, leur auteur, était bien fondée.

Une fois la vente opérée, transcrite ou signifiée, selon la nature du droit cédé, les tiers n'ont pu acquérir du demandeur originaire, à l'encontre du défendeur, pas plus que du cessionnaire, aucun droit, soit sur la chose, soit sur la créance litigieuse. La preuve même qu'ils voudraient fournir du droit de leur auteur leur serait inutile.

104. — *b.* Si le prix de la cession n'a pas été payé au cédant, ou l'a été seulement en partie, contre quelle personne la somme qui lui reste due pourra-t-elle être réclamée par lui? Garde-t-il le droit d'agir contre le cessionnaire? Acquiert-il, en la place, une créance contre le retrayant?

La même question se posait, sous l'ancien droit, à propos

du retrait lignager. M. Labbé a très-bien exposé (1) la controverse à laquelle elle avait donné lieu; Tiraqueau soutenait que l'acheteur disparaissait complétement et que le retrayant devenait débiteur unique et direct du vendeur; Dumoulin et, d'après lui, Pothier, que le retrait ne libérait pas l'acheteur de ses obligations, qu'il restait débiteur du vendeur et devenait créancier du retrayant, sauf au premier à accepter le second comme débiteur.

Le savant professeur applique au retrait de droits litigieux l'opinion de Tiraqueau : 1° C'est, selon lui, la plus conforme au caractère du retrait. « Le droit du premier acheteur est résolu, dit-il; sa participation au contrat est effacée. L'obligation de payer le prix cesse en sa personne avec la cause qui l'avait fait naître. » — 2° A cette objection que l'acheteur ne peut se substituer un tiers dans ses obligations, il répond que la substitution est le fait, non de l'acheteur, mais de la loi, fait supérieur à la volonté des parties, et que le législateur a le pouvoir d'anéantir son obligation comme son acquisition. — 3° L'acheteur est privé des avantages qu'il pouvait retirer de son marché, pourquoi resterait-il grevé des charges? — 4° Si le peu de solvabilité du retrayant doit constituer quelqu'un en perte, pourquoi est-ce l'acheteur plutôt que le vendeur? Le premier a connu la cause d'éviction, mais le second a su que, par l'effet du retrait, il pouvait recevoir un débiteur autre que le cessionnaire; en outre, rien ne permet de croire que l'acquéreur ait pris les risques à sa charge (2).

L'article où M. Labbé discute la question est destiné à montrer quelle utilité on peut tirer des anciennes règles des retraits pour combler les lacunes laissées par la loi dans ceux qu'elle a reconnus. Idée vraie qu'il ne faut pas exagérer. Sans sortir du sujet qui nous occupe, il est certain que l'ancienne jurisprudence n'a jamais admis une assimilation complète entre les retraits proprement dits et la subrogation réclamée conformément à la loi *Per diversas*. Il est remarquable que la présente question n'y ait jamais été soulevée; elle ne s'agitait qu'à propos du retrait lignager, encore n'avait-elle pas

(1) *Etude sur les retraits* précitée.

(2) Cette démonstration est faite à propos du retrait successoral; mais M. Labbé dit, au n° 15, qu'elle s'applique au retrait litigieux.

reçu une solution définitive, et les auteurs les plus écoutés dans l'ancien droit, les plus consultés depuis la rédaction du Code, avaient-ils considéré le retrait comme laissant subsister l'obligation directe du cessionnaire envers le cédant. Irons-nous plus loin que l'ancien droit dans la voie de l'assimilation? Du moins nous ne pourrions invoquer son autorité. Nous en serions donc réduits à étendre des règles qui n'ont jamais été admises sans contestation et qui ne sont plus en vigueur aujourd'hui, quand l'ancien droit n'avait pas songé à une telle extension. L'argument d'analogie est légitime, mais il suppose un principe en vigueur dans la législation sous laquelle on en fait usage; ici le principe fait certainement défaut.

Il y a une raison particulière pour n'appliquer pas indistinctement à la subrogation des droits litigieux les principes généraux du retrait. Dans le retrait lignager, que le retrayant prenne la place de l'acheteur, rien de plus simple; il accepte naturellement le vendeur pour auteur. Il n'en est pas de même en notre matière. Le retrayant n'est pas l'ayant-cause du cédant, car il n'abandonne pas sa propre position et les droits qu'il réclamait de son côté. Si le retrayant était en rapport direct avec le cédant, l'acte qui serait présumé avoir été fait par eux ne pourrait être qu'une transaction.

La loi aurait pu, sans doute, libérer le cessionnaire de son obligation; elle ne l'a pas fait. Il n'y a pas de texte spécial qui le dise. Y aurait-il donc un mode de libération, admis par le droit commun, que le cessionnaire pût invoquer? L'art. 1699 suppose qu'il n'y a de rapports établis qu'entre le cessionnaire et le retrayant, *en lui remboursant*, et que le prix est nécessairement payé par le premier au cédant.

L'acheteur est privé des avantages qu'il espérait trouver dans son marché, pourquoi resterait-il grevé des charges? Une telle objection serait forte contre le principe même du retrait; l'effet de ce principe est que l'acheteur est privé de tout ce qui excède le prix payé ou promis par lui; ce qu'il est en droit d'exiger, c'est que le retrayant le rende indemne. Il reste naturellement tenu des charges dans la mesure, sinon de l'avantage qu'il peut recueillir, du moins de l'indemnité qui lui est assurée.

En comparant la situation du cédant et celle du cessionnaire, on se demande pourquoi le second serait préféré au premier; le premier a manifesté le plus clairement du monde l'intention de n'avoir plus de rapports avec le défendeur; le second, au contraire, a pris pour lui ces rapports auxquels celui-là renonçait. Quoi de plus contraire à l'esprit du contrat passé entre eux que d'en supprimer la cause même? Le droit litigieux a été cédé; la loi présume que la cession s'est faite pour un prix inférieur au montant de ce droit; c'est un marché à forfait que les parties ont conclu, marché qui avait pour objet de donner au cédant une position fixe et définitive, au cessionnaire une position incertaine et aléatoire; une des chances qu'il acceptait et qu'il a dû faire entrer en ligne de compte, c'était le retrait.

Nous disons qu'il a dû faire entrer cette chance en ligne de compte; en admettant qu'il soit libéré, s'il n'a pas payé tout ou partie du prix au moment où le retrait est exercé, il est certain que, s'il a payé, et pour la partie qu'il a payée, il n'a pas la répétition de l'indu contre le cédant. Or, il ne pouvait être assuré, en faisant le marché, que le retrait fût exercé avant la complète libération.

N'y a-t-il pas, d'ailleurs, inconséquence à lui refuser la répétition de l'indu, dans le cas où il a payé et pour la partie qu'il a payée, quand on lui accorde sa libération dans le cas où il n'a pas payé et pour la partie qu'il n'a pas payée? La dette, dans les deux hypothèses, n'est-elle pas complétement anéantie? Mais, dira-t-on, quand il a payé, il devait. Il ne devait que sous la condition résolutoire de l'exercice du retrait; cette condition s'étant réalisée, il n'a jamais été débiteur du cédant. La logique prescrirait de lui accorder la répétition de l'indu. Personne n'est allé jusque-là. Rien ne serait plus contraire aux précédents et à l'esprit de la loi en notre matière. Mais le système que nous combattons est condamné par ce fait qu'il ne peut avouer ses propres conséquences (1).

(1) La question s'est posée, dans la jurisprudence, à propos du retrait d'indivision établi par l'art. 1408. La cour de Lyon (4 mai 1853) avait décidé que la femme retrayante était directement obligée envers le vendeur. La Cour de cassation (14 nov. 1854; Dev. 55, 1, 718) a cassé son arrêt, et, sur renvoi, la cour de Riom a jugé comme la Cour suprême (4 juin 1857; Dev. 57, 2, 399). — V. aussi, en matière de retrait successoral, Ber-

M. Demolombe (1), traitant du retrait successoral, soutenait la doctrine de Dumoulin et de Pothier et combat celle de Tiraqueau, reproduite par M. Labbé.

A sa grande autorité s'oppose celle de M. Mourlon, qui l'a contredite dans cette Revue même (2). Le principal argument développé par le nouveau partisan de la doctrine de Tiraqueau, c'est que le retrayant devient nécessairement l'ayant-cause du cédant, l'acquéreur du droit aliéné par lui, et doit, par conséquent, devenir aussi son unique débiteur. Cet argument peut-il s'appliquer au retrait de droits litigieux? Nous ne le croyons pas. Le cohéritier, qui exerce la faculté à lui conférée par l'art. 841, reconnaît le droit de son cohéritier, le cédant; il se met à la place de l'acquéreur qui est certainement un ayant-cause et lui prend cette qualité. Tel n'est pas l'effet du retrait litigieux; le retrayant, qui contestait le droit du demandeur, ne peut être considéré comme le successeur de ce dernier. M. Mourlon, dans un dernier et court paragraphe, dit que ce retrait doit être regardé comme une *transaction*, et il invoque l'autorité de Pothier (3). Il ferait produire à l'opinion de Pothier une conséquence à laquelle celui-ci n'a certainement pas songé : lui qui n'admettait pas, dans les véritables retraits, que le retrayant devînt débiteur unique du cédant, n'aurait pas regardé cette espèce de novation comme devant résulter de la subrogation aux droits litigieux. Qu'on parle de vente ou de transaction, voici l'objection qui nous paraît décisive contre l'opinion de M. Mourlon. Soit une personne qui réclame 10,000 fr. à titre de créance, le prétendu débiteur conteste; le demandeur cède son droit litigieux, soit qu'il ait peu de confiance dans l'issue du procès, soit qu'il ne croie pas à la solvabilité du défendeur. Il a et il manifeste l'intention de n'avoir plus aucun rapport avec celui-ci; ces relations qu'il abandonne, c'est le cessionnaire qui les accepte, en se chargeant de payer un certain prix au cédant. Pourquoi modifier les conséquences naturelles de leur conven-

deaux, 21 juillet 1850 (D. P. 55, 2, 214); et civ. cass. 7 janvier 1857 (D. P. 57, 1, 81).

(1) *L. c.*, nos 142 et suiv.

(2) T. IX, p. 211 et suiv. *De la nature et des effets du retrait successoral.*

(3) *Traité de la vente*, n° 598.

tion? Supposons que la cession a eu lieu pour 5,000 fr.; à la suite du retrait, le défendeur primitif restera seul chargé de ce prix ou de la partie de ce prix qui n'aura pas encore été payée; le demandeur avait fait un sacrifice considérable pour obtenir une sécurité complète en faisant affaire avec une personne solvable; il se trouve avoir aussi peu de sécurité qu'auparavant, au moins en ce qui touche la solvabilité du débiteur, et il a perdu la moitié de ses droits.

105. — Le cédant peut agir contre le retrayant comme exerçant les droits du cessionnaire, créancier de celui-ci et conformément à l'art. 1166. Nous ne croyons pas qu'il ait une action directe. A quel titre l'aurait-il?

106. — *c.* Le cédant, qui reste créancier du cessionnaire, n'est pas tenu à la garantie envers celui-ci. Cette proposition a été admise de tout temps, soit dans cette matière, soit dans celle des retraits. La Cour de cassation l'a encore consacrée, en se fondant, 1° sur ce que la vente d'un droit litigieux a un caractère aléatoire; 2° sur ce que l'acquéreur n'est aucunement lésé (1).

107. — Nous ne pouvons terminer cette étude sans rappeler que le Code s'est occupé des droits litigieux dans l'article 1597; cet article se rattache aux mesures que nous avons trouvées dans l'ancien droit. Il interdit aux juges, titulaires ou suppléants, aux magistrats du ministère public, aux officiers ministériels et aux avocats (2) de se rendre cessionnaires des procès, droits et actions litigieux qui sont de la compétence du tribunal dans le ressort duquel ils exercent leurs fonctions.

« Si cette incapacité n'existait pas, disait le tribun Faure (3), il serait à craindre que ces différentes personnes, armées de leurs titres d'acquisitions, n'inquiétassent les plaideurs par leur influence ou tout autre moyen, et ne les forçassent à faire en leur faveur des sacrifices considérables pour se débarrasser d'adversaires si dangereux. »

La prohibition est plus étendue que celle des ordonnan-

(1) Req. 1er mars 65 (D. P. 1865, 1, 366).

(2) Leur ordre a été rétabli par la loi du 22 ventôse an XII. L'article parle seulement des défenseurs officieux.

(3) Fenet, t. XIV, p. 156.

ces : 1° elle comprend les greffiers, huissiers et notaires; 2° elle ne s'applique pas seulement, en ce qui touche les avocats et les avoués, aux causes dont ils sont chargés; elle est la même pour toutes les personnes énumérées dans l'article, et porte sur « les procès, droits et actions litigieux qui sont de la compétence du tribunal dans le ressort duquel elles exercent leurs fonctions. »

La sanction est double. En premier lieu, la cession doit être déclarée nulle (1), et, par conséquent, le cédant recouvre l'action dont il s'était dépouillé. En second lieu, le cessionnaire est passible des dépens, dommages et intérêts; mais, comme dans notre ancien droit, c'est au profit du cédé qu'une telle condamnation peut être prononcée, non au profit du cédant (2). La loi protége le cédé.

La prohibition de l'art. 1597 n'est pas fondée sur la même idée que la règle de l'art. 1699. Ce n'est pas purement et simplement une spéculation que le législateur redoute et veut prévenir, c'est l'abus de l'influence ou des moyens que les hommes occupant certaines positions ou habituellement mêlés à des procès par leur profession même peuvent employer pour aggraver la situation de leurs adversaires.

Les deux dispositions reposant sur des principes différents et se trouvant dans le Code à cent articles de distance, il est généralement admis que la définition de l'art. 1700, faite pour le retrait, ne convient pas à la prohibition absolue de l'art. 1597, que cette prohibition ne souffre pas les mêmes exceptions que le retrait, celles qui sont indiquées dans l'article 1701. On écarte l'art. 1700, en disant qu'il n'est pas permis d'appliquer une définition restrictive hors du cas spécial pour lequel elle est certainement faite, l'art. 1701, en représentant que, si la position des personnes énumérées par cet article ne permet pas de leur attribuer une pensée de spéculation, le danger, prévu par le législateur dans l'art. 1597, ne disparaît pas, qu'un possesseur ou un copropriétaire a un

(1) Il y a une grande controverse sur le caractère de cette nullité. V., en sens divers, M. Duranton, t. XVI, n° 145; MM. Aubry et Rau, § 359 *quater*, texte et note 6; MM. Troplong, *De la vente*, n° 196; Duvergier, t. I, n° 200; Marcadé, sur l'art. 1597, n° 3.

(2) Ce qu'enseigne à tort Marcadé, *l. c.*

motif légitime d'acquérir un droit litigieux, mais qu'il peut, comme un étranger, abuser contre son adversaire de son influence de magistrat, de ses relations ou de ses connaissances spéciales d'officier ministériel.

Il est bien entendu que, si la personne contre laquelle un droit est cédé à un magistrat ou à un officier ministériel se trouve dans les conditions indiquées par les art. 1699 et 1700, elle peut exercer le retrait, au lieu d'invoquer la nullité. Son intérêt déterminera son choix.

108. — Nous avons recherché l'origine des dispositions contenues dans les art. 1699, 1700 et 1701 du Code Napoléon. Nous avons vu quelles transformations nombreuses et singulières la loi *Per diversas* a dû subir avant de produire le retrait de droits litigieux, comment l'ancien droit a fait d'une déchéance partielle d'action, infligée à tout acquéreur de créance, une subrogation dans le marché d'un acquéreur de droits litigieux, quelle qu'en fût la nature, au profit du défendeur contre qui étaient réclamés ces droits, comment le droit moderne a reproduit la doctrine de la jurisprudence qui l'avait précédé, allant plus loin qu'elle en ce qu'il n'hésitait plus à qualifier de retrait cette subrogation, mais à son insu, puisqu'il s'imaginait conserver un retrait qui n'avait jamais été proprement considéré comme tel, cherchant à en corriger les plus sensibles inconvénients et donnant une définition restrictive des droits litigieux. Ces transformations ont été accomplies sans être nettement aperçues, même la dernière. On modifie ou dénature souvent les institutions de droit en croyant les conserver. Peut-être les jurisconsultes et les législateurs se trompent-ils plus facilement quand l'interprétation qu'ils adoptent répond à un besoin pratique, et ne faut-il pas argumenter contre une institution d'une erreur de doctrine que la nécessité ou l'utilité a enfantée et propagée. Du moins n'y a-t-il que l'autorité historique qui lui fasse certainement défaut.

109. — Que doit-on penser du retrait de droits litigieux considéré en lui-même? Il n'a pas l'antique origine que plusieurs jurisconsultes lui attribuent. Qu'importe, s'il est raisonnable, juste et utile?

Quand le retrait litigieux fut proposé au conseil d'État, Lacuée le combattit comme exorbitant, 1° parce qu'il enlevait à un plaideur, pauvre peut-être, hors d'état de poursuivre un procès, le moyen de tirer parti de son droit en le réalisant; 2° parce qu'il favorisait, d'un autre côté, le plaideur de mauvaise foi, qui profitait de l'extrémité où était réduit son adversaire pour se délivrer à vil prix de la poursuite.

Tronchet, Pelet, Bigot-Préameneu lui répondirent en invoquant l'autorité des siècles passés, en représentant l'achat d'un procès comme un acte immoral en lui-même, les acheteurs comme des spéculateurs qui ne tendaient qu'à prolonger les procès. Ils l'emportèrent.

Leur opinion a été récemment soutenue, leurs motifs reproduits dans cette *Revue* par M. Doublet (1).

Il a craint qu'un spéculateur, uniquement préoccupé d'un intérêt pécuniaire, ne poursuivît le procès avec acharnement et sans scrupules; bien plus, que l'achat de procès ne devînt une vraie profession, lucrative pour ceux qui l'exerceraient, dangereuse pour les plaideurs; en même temps, il a pourvu à l'intérêt particulier de ceux-ci, il a servi l'intérêt social, qui demande que les procès soient prévenus ou arrêtés, au lieu d'être multipliés et prolongés, comme ils le seraient infailliblement par des spéculateurs d'habitude, la morale elle-même, qui peut être blessée par les moyens employés pour obtenir gain de cause, quand l'intérêt pécuniaire est seul en jeu et qu'une longue pratique des débats judiciaires a familiarisé les consciences avec les combinaisons avantageuses et les secrets de métier.

M. Huc a une autre crainte (2). Il approuve la résolution que les rédacteurs du Code civil italien ont prise de maintenir le retrait, « qui lui paraît de nature à empêcher souvent des actes d'oppression. C'est en cela, ajoute-t-il, que consiste pour nous l'unique utilité de cette institution. Les acheteurs de procès peuvent en effet obéir souvent à un sentiment d'hostilité contre le prétendu débiteur plutôt qu'à une pensée de spéculation, et, dans cette hypothèse, l'exercice du retrait litigieux nous apparaît comme l'une des manifestations du droit de légitime défense. »

On ne peut se dissimuler ce que les raisons données en fa-

(1) *Loc. cit.*, p. 109 et 117.

(2) *Le Code civil italien et le Code Napoléon*, p. 238.

veur du retrait ont de spécieux; nous dirons même de grave; elles ont longtemps paru décisives.

La controverse n'en a pas moins été soulevée de nouveau, il y a quelques années.

M. Batbie, dans son mémoire sur la *Révision du Code Napoléon* (1), demande l'abrogation du retrait au nom de la liberté des conventions et de la justice : « L'acheteur des droits litigieux, dit-il, a couru une chance, il a rendu un service au cédant qui n'avait pas le moyen de faire un procès, et, loin de le traiter avec défaveur, il faudrait voir en lui un auxiliaire utile de la justice. Je ne nie pas que ce cessionnaire ne puisse être un spéculateur peu digne d'intérêt, mais il se peut aussi que ce soit un cessionnaire sérieux, sans l'intervention duquel le cédant n'aurait tiré aucun parti de son droit. D'ailleurs, ce qui condamne la disposition, c'est que le retrayant a le droit de choisir suivant le bénéfice qu'il y trouvera, entre l'exercice du retrait et la chance de la lutte judiciaire. Si le procès offre le péril d'une solution défavorable, il exercera le retrait, et, pour une faible somme, se procurera le profit définitif d'une injustice sans remède. Que si, au contraire, le procès est excellent pour lui, s'il est sûr de le gagner, il laissera le cessionnaire faire des frais, agissant ainsi suivant les circonstances et choisissant à coup sûr une affaire lucrative. Je le répète, des dispositions qui laissent un pareil choix ne sont pas morales. Leur moindre inconvénient est de rompre un contrat formé librement entre parties majeures. »

M. Batbie va bien loin, en faisant de l'acquéreur de droits litigieux comme « un auxiliaire utile de la justice. » Il eût dû dire tout au plus qu'il n'est pas nécessairement un spéculateur sans délicatesse, qu'il peut faire un marché utile pour le cédant comme pour lui-même : encore doit-on reconnaître que, la plupart du temps, il ne se mêle pas à un procès, qui peut être long, coûteux et difficile, pour aider la justice, ni même pour rendre service au cédant, qu'il pense et désire en retirer plus qu'il ne paie. Son désir est légitime, l'opération qu'il fait pour le réaliser l'est également, mais c'est une spéculation. Tel est incontestablement le caractère le plus

(1) *Revue critique*, année 1866, t. XXVIII, p. 149.

habituel des acquisitions de droits litigieux. On ne peut admettre qu'une longue pratique se soit trompée en le leur attribuant.

Cette convention, où l'une des parties fait une spéculation et dont elle attend un bénéfice, ne devrait-elle pas être régie par le grand principe de la liberté des contractants, principe écrit dans l'art. 1134 du Code Napoléon, supérieur et préexistant à toutes les législations? Il y a trois siècles que Doneau (1) se faisait cette objection : N'est-il pas admis, n'est-il pas équitable d'admettre dans la vente ordinaire que les parties sont libres de fixer le prix? Ne doivent-elles pas être libres, à plus forte raison, dans la vente des actions, qui peuvent être achetées à un très-bas prix, à cause de l'insolvabilité possible du débiteur, de l'incertitude du jugement, des ennuis et des frais du procès? Doneau reconnaissait que l'objection eût été juste si la cession eût été prohibée, mais il soutenait que la loi avait pu légitimement empêcher la *redemptio*, cette espèce d'association, imaginée par lui, entre le cédant et le cessionnaire, qui permettait au premier de prendre sa part dans le profit de l'action vendue par lui. S'il n'y a pas d'autre réponse à faire à l'objection, elle garde toute sa force. Cette *redemptio* ne s'est jamais présentée à l'esprit d'Anastase, ni l'ancienne jurisprudence ni les rédacteurs du Code Napoléon n'y ont pensé. Que le législateur prohibe une convention, ou, quand elle est faite, qu'il en modifie les clauses, qu'il change arbitrairement la personne d'une des parties et permette à un tiers de se substituer à elle, dans l'un et l'autre cas il déroge également au principe de la liberté des contractants.

Si le retrait est contraire à la liberté civile, est-il conforme à la morale? Ce n'est pas l'immoralité du choix laissé au retrayant qui nous frappe le plus, c'est celle d'un des partis sur lesquels ce choix peut porter. Pothier disait : « Le débiteur, en remboursant au cessionnaire le prix de la cession, ne s'acquitte pas dans le for de la conscience du surplus de la somme due, lorsqu'il sait devoir, ou lorsque c'est la cupidité qui lui fait illusion pour se le dissimuler. Le débiteur, par ce retrait qui le met au lieu et place du cessionnaire, est censé

(1) Sur la loi *Per diversas*, n° 11.

avoir lui-même acheté de son créancier la dette pour la somme portée par l'acte de cession. Mais un débiteur qui compose avec son créancier d'une dette litigieuse pour une certaine somme n'est pas quitte dans le for de la conscience envers lui du surplus lorsqu'il sait devoir. Le débiteur qui sait devoir la dette en entier ne fait pas de tort au cessionnaire en le remboursant seulement du prix de la cession, car il n'a acquis qu'à la charge de ce retrait que la loi accorde au débiteur. Le débiteur a un grand intérêt à l'exercer; car, s'il avait payé la dette en entier au cessionnaire, il ne laisserait pas de demeurer, dans le for de la conscience, obligé envers le créancier à la réparation du tort qu'il lui a causé, en l'obligeant de vendre sa créance à perte par le refus injuste qu'il lui a fait de le payer (1). » Cette dernière idée paraît subtile et exagérée. Le débiteur qui s'est acquitté intégralement envers un cessionnaire ne peut être tenu à rien. Il est curieux de voir Pothier justifier le retrait, en partant de ce principe que le créancier originaire ne doit rien perdre par le fait du débiteur. Ce qui reste vrai, c'est que, par le retrait, un débiteur peut s'affranchir d'une partie de son obligation, un possesseur peut retenir un objet dont il n'est pas propriétaire et en acquérir la propriété, malgré celui à qui elle appartient réellement, en faisant le remboursement indiqué dans l'art. 1699. Cette faculté, accordée à l'un et à l'autre, n'est certainement pas conforme à la justice. Il est vrai que la dette réclamée peut n'exister pas, que le possesseur poursuivi par la revendication peut être le vrai propriétaire; le remboursement n'est alors qu'un sacrifice fait par une personne pour obtenir la tranquille jouissance de son droit. Mais le retrait ayant pour objet d'arrêter le débat, on ne peut jamais savoir si c'était la demande ou la défense qui était fondée, si le retrayant était ou n'était pas débiteur, s'il avait la propriété de l'objet revendiqué ou s'il n'était qu'un usurpateur empressé de transformer par l'exercice d'une faculté légale sa possession indue en propriété définitive.

Ces reproches sont anciens, puisqu'ils remontent à Doneau et à Pothier. Ils n'ont pas été seulement inspirés de nos

(1) *Traité du contrat de vente*, n° 598.

jours par des idées nouvelles, par des idées économiques en particulier.

Nous nous permettrons d'ajouter deux objections à celles qui ont été déjà présentées. En premier lieu, pourquoi s'intéresse-t-on exclusivement au cédé? Lacuée prévoyait le cas où un débiteur de mauvaise foi chercherait à épuiser par la longueur du procès la patience et peut-être la fortune de son créancier. On n'a tenu aucun compte de cette hypothèse. N'a-t-on pas eu tort? N'est-ce pas souvent par un défendeur de mauvaise foi que le retrait sera exercé? Celui qui serait sûr de son droit hésitera le plus souvent à faire un sacrifice qui peut être inutile. A l'inverse, si le demandeur trouve à vendre son procès, n'est-ce point parce que ce procès offre des chances de gain? Ce spéculateur habile, qu'on voit guettant les acquisitions de ce genre, n'est pas assez maladroit pour se mettre dans une affaire où il serait assuré de perdre. Les mesures prises contre la mauvaise foi d'une partie peuvent favoriser la mauvaise foi de l'autre.

En second lieu, si les plaideurs ont besoin d'une protection, celle qu'ils trouvent dans le Code Napoléon est-elle efficace? Nous ne le croyons pas. Les rédacteurs du Code ont cru faire merveille en donnant une définition restrictive des droits litigieux; ils pensaient prévenir les difficultés qui devaient infailliblement s'élever, si les tribunaux, investis d'un pouvoir d'appréciation, avaient à se prononcer, dans chaque espèce, sur le caractère litigieux des droits cédés; ils s'imaginaient améliorer ainsi le système qu'ils empruntaient à l'ancienne jurisprudence. Rien n'était plus contraire que cette prétendue amélioration à l'esprit de l'institution. L'ancienne jurisprudence, qui l'avait créée, pensant la prendre au droit romain, en avait mieux compris les conditions naturelles et nécessaires, quand elle avait appliqué la subrogation aux cessions faites même avant le procès engagé *animo vexandi*. Quoi! le législateur veut nous garantir des périls que la spéculation et l'hostilité peuvent créer pour nous, et il leur donne libre carrière, tant qu'il n'y a pas procès et contestation sur le fond du droit! Mais le spéculateur dont nous avons à craindre les combinaisons, l'ennemi dont nous redoutons les atteintes, ont-ils besoin d'attendre que la contestation judiciaire soit formée pour obtenir des droits contre nous? N'obtiendrontils pas plus aisément la cession d'une personne qui n'aura pas commencé un procès, que de celle qui, ayant fait les premiers pas, n'hésitera pas à faire les derniers? Faut-il dire que le procès et la contestation engagés révèlent seuls l'existence des droits à propos desquels ils s'élèvent? Mais l'objet d'une réclamation judiciaire n'est-il pas ordinairement connu de bien du monde, avant que la réclamation ait lieu, soit par des conversations répétées, soit par ces démarches que l'on appelle amiables et qui préparent d'infaillibles hostilités, soit même par des actes extrajudiciaires? En faut-il plus pour mettre au courant les indifférents eux-mêmes? Qu'on se rappelle les bizarres conséquences que produit l'interprétation de l'art. 1700, faite d'après les principes incontestables de la procédure et de l'organisation judiciaire. Il n'y a pas procès et contestation sur le fond du droit, quand les parties sont en conciliation devant le juge de paix, ou même avant la défense au fond, et cependant qu'est-ce, dans un très-grand nombre de cas, dans tous, à Paris, que le préliminaire de conciliation, si ce n'est le premier acte de la procédure militante? Le procès n'est-il pas suffisamment engagé par l'exploit d'ajournement? Le public, instruit de la prétention du demandeur, n'est-il pas moralement certain de la manière dont elle sera repoussée par le défendeur? Peut-on dire que le défendeur soit suffisamment protégé, quand il ne peut exercer le retrait contre un tiers qui s'est manifestement rendu acquéreur d'un procès? Telle est la conséquence de l'art. 1700. Ce pouvoir d'appréciation, dont le législateur a redouté les effets, qu'il a considéré comme devant engendrer des difficultés sans nombre, était essentiel au retrait de droits litigieux : il fallait choisir, accepter ce pouvoir et les difficultés qu'il devait entraîner à sa suite, ou sacrifier un système auquel on ne pouvait ôter ses inconvénients qu'en lui faisant perdre son efficacité.

La prohibition contenue dans l'art. 1597, d'après l'opinion générale, regarde non-seulement les droits déjà litigieux au sens de l'art. 1700, mais encore ceux qui sont susceptibles de devenir tels. Pourquoi, dans cette disposition, également empruntée à l'ancien droit, a-t-on respecté le pouvoir d'appréciation que celui-ci avait attribué aux juges? Sans doute parce qu'on l'a cru indispensable, parce qu'on a pensé que la protection donnée aux plaideurs serait insuffisante, si les magistrats, si les officiers ministériels pouvaient acheter des droits pour les soumettre le lendemain de leur acquisition au tribunal dans le ressort duquel ils exerçaient leurs fonctions. Du reste, nul inconvénient ne résulte, en pratique, de ce que la définition restrictive de l'art. 1700 n'est pas applicable aux droits litigieux dont parle l'art. 1597.

Le législateur a-t-il eu quelque raison pour distinguer entre les deux hypothèses? Le péril auquel il a voulu parer dans l'art. 1597 par une prohibition absolue est beaucoup plus grave que celui auquel il a songé dans les art. 1699, 1700 et 1701. Dès lors, il a dû protéger les plaideurs plus efficacement contre le premier que contre le second. Mais pourquoi ne pas étendre à ce cas la règle faite pour l'autre? Pourquoi laisser subsister l'art. 1700? Nous ne sommes plus au temps où le pouvoir législatif était exercé par la jurisprudence, où elle s'attribuait, où on lui reconnaissait un large pouvoir d'appréciation pour les décisions d'espèces. Notre droit se compose de lois, et l'esprit des institutions modernes exige que les lois laissent le moins possible à décider aux juges. D'autre part, il est incontestable qu'on ne peut exposer un nombre considérable de contrats à un retrait facultativement prononcé par les tribunaux, sans porter la plus grave atteinte à la liberté et à la sécurité des conventions; autant vaudrait interdire la vente des créances.

Il est tout naturel que le législateur ait renfermé dans des limites étroites la protection qu'il accordait aux plaideurs; on n'oserait lui conseiller de l'étendre, et cependant la restriction la rend illusoire. Que devient, dès lors, la seule raison invoquée en faveur du retrait de droits litigieux? Faut-il donc reconnaître que, s'il n'est conforme ni au principe de la liberté des conventions, ni à une parfaite justice, il n'a même pas pour lui l'utilité pratique?

Paris. — Imprimé par Charles Noblet, rue Soufflot, 18.

IMPRIMÉ PAR CHARLES NOBLET, RUE SOUFFLOT, 18

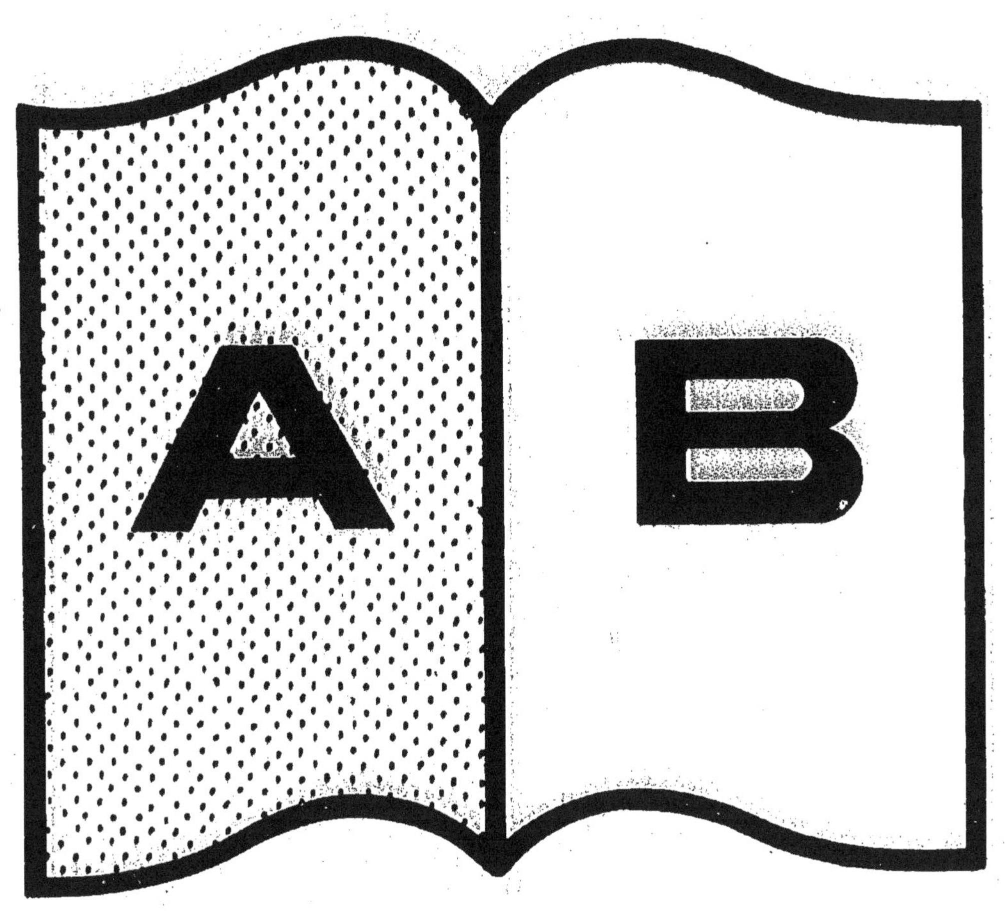

Contraste insuffisant

NF Z 43-120-14

www.ingramcontent.com/pod-product-compliance
Ingram Content Group UK Ltd.
Pitfield, Milton Keynes, MK11 3LW, UK
UKHW020237220726
13923UKWH00002B/707